Ch. JULIOT, Éditeur, 68, Boulevard Saint-Germain.

VIENT DE PARAITRE :

L'ART DE LA MENUISERIE

PAR ROUBO

NOUVELLE ÉDITION

Revue, Corrigée & Augmentée

PAR UN COMITÉ D'ARCHITECTES ET D'ENTREPRENEURS DE MENUISERIE

CHEFS D'ATELIER, PROFESSEURS DE TRAITS, ETC.

L'ouvrage que nous offrons aujourd'hui au public a pour but de donner satisfaction à un besoin réel, manifesté depuis longtemps par une des classes les plus importantes entre toutes celles qui composent l'industrie du bâtiment. — L'insuffisance des traités de menuiserie publiés jusqu'à ce jour est désormais un fait acquis, et les hommes spéciaux, que nous avons consultés sur cette matière, tout en rendant hommage aux productions de nos prédécesseurs, nous ont affermi dans notre opinion et encouragé dans notre œuvre.

Le traité de Menuiserie de Roubo, aujourd'hui épuisé, dont nous entreprenons la réédition, est connu de tous les vrais praticiens, et le mérite de cet ouvrage n'étant contesté par aucun de ceux qui l'ont parcouru, nous n'avons ici besoin ni d'en faire l'éloge, ni d'en démontrer l'excellence.

En le publiant de nouveau nous sommes certain de venir remplir une place inoccupée.

Pour augmenter le nombre des suffrages que ce traité ne peut manquer de recueillir, nous avons revu entièrement le texte et les planches qui le composent; et, sans en altérer ni l'originalité, ni la division, nous avons replacé dans un ordre qui nous a semblé plus logique, les différentes parties de son unité.

C'est ainsi qu'il nous a paru préférable de donner comme introduction, pour ainsi dire, les éléments de Géométrie et de Descriptive dont la connaissance permet seule d'aborder l'étude du Trait dans ses différentes combinaisons. — Partant de ces principes essentiels, le lecteur sera amené sans effort à l'intelligence complète des exemples proposés, qui n'en sont que l'application immédiate.

Nous avons, en outre, supprimé un certain nombre des planches de l'édition ancienne; planches reconnues inutiles et superflues par un comité compétent.

Nous avons comblé avantageusement cette lacune en introduisant dans le corps de l'ouvrage, et en place convenable, plusieurs modes de tracés particuliers, modèles d'épures, etc., et dessins de Menuiserie exécutée : documents inédits que nous devons au concours de nos collaborateurs.

L'ouvrage a ainsi un double but : non-seulement il permet l'étude complète de l'Art de la Menuiserie dans ses moyens pratiques, mais encore il met sous les yeux des lecteurs les productions les plus remarquables et les plus nouvelles, auxquelles cet art a coopéré.

Pour mener à bon terme l'œuvre importante que nous venons de terminer, nous nous sommes adjoint un Comité de rédaction, composé de plusieurs Architectes et d'un certain nombre d'Entrepreneurs de menuiserie, chefs d'atelier, professeurs de Traits, etc., tous hommes spéciaux, connus et appréciés de leurs collègues.

Grâce à leurs avis et à leur expérience, nous espérons avoir rempli notre tâche et n'être pas resté trop loin du but que nous nous sommes efforcé d'atteindre.

DIVISION DE L'OUVRAGE

La menuiserie dormante et la menuiserie mobile, la menuiserie du bâtiment, la menuiserie des églises, la menuiserie des magasins, etc. **L'art du Trait proprement dit :**

L'ouvrage complet forme un Atlas de CENT DOUZE PLANCHES (29 sur 40) imprimées sur beau papier, et un volume in 8° raisin de texte descriptif de QUATRE CENT PAGES environ.

Pour la reproduction de divers travaux remarquables, nous avons joint des PLANCHES DOUBLES pour en faciliter l'étude ; ces dernières comptent pour deux.

Aucune livraison ne sera vendue séparément.

PRIX DE L'OUVRAGE COMPLET :

30 fr. *franco.*

AVIS. — *La librairie* Ch. Juliot *se charge, en outre, de fournir, aux meilleures conditions, tous les ouvrages neufs ou d'occasion des principaux éditeurs de Paris.*

PARIS. — J. DEJEY & Cie IMPRIMEURS DE L'ÉCOLE CENTRALE, 18, RUE DE LA PERLE.

Ch. JULIOT, Editeur, 68, Boulevard Saint-Germain, Paris.

Bulletin de Souscription à L'ART DE LA MENUISERIE

Pour recevoir l'ouvrage complet franco *pour toute la France et l'Algérie, il suffit de remplir ce bulletin et de l'envoyer affranchi, en y joignant un mandat-poste à M.* Ch. Juliot, *Editeur.*

Je, soussigné, déclare souscrire à l'ART DE LA MENUISERIE, *ouvrage composé de* CENT DOUZE PLANCHES, *avec un volume de texte explicatif de 400 pages environ, au prix de* TRENTE *francs, que j'envoie ci-joint pour recevoir l'ouvrage complet et* franco.

Nom ________________________________

Qualité ________________________________

Rue ____________________ N° ________   Signature lisible

Ville ou commune ____________________

Département ____________________

Date ____________________ 187___

AVIS. — *Indiquer si l'on préfère recevoir l'Ouvrage contre remboursement.*

NOTA. — On peut, si on le désire, ne recevoir qu'une livraison à la fois et *franco*, en envoyant à M. Ch. Juliot, Éditeur, un mandat-poste de six francs.

On est prié de détacher le présent Bulletin souscrit, et de l'adresser *franco* par la poste à M. Ch. Juliot 68, Boulevard Saint-Germain, à Paris.

Monsieur Ch. Juliot

ÉDITEUR

68, Boulevard Saint-Germain.

PARIS

L'ART

DE LA

MENUISERIE

PAR ROUBO

Nouvelle édition, revue, corrigée & augmentée

PAR UN COMITÉ D'ARCHITECTES ET D'ENTREPRENEURS DE MENUISERIE

CHEFS D'ATELIER, PROFESSEURS DE TRAITS, ETC.

ATLAS

PARIS

CH. JULIOT, ÉDITEUR

68, BOULEVARD SAINT-GERMAIN, 68

1876

TABLE DES PLANCHES

PARIS. — J. DEJEY & Cie, IMPRIMEURS, 18, RUE DE LA PERLE.

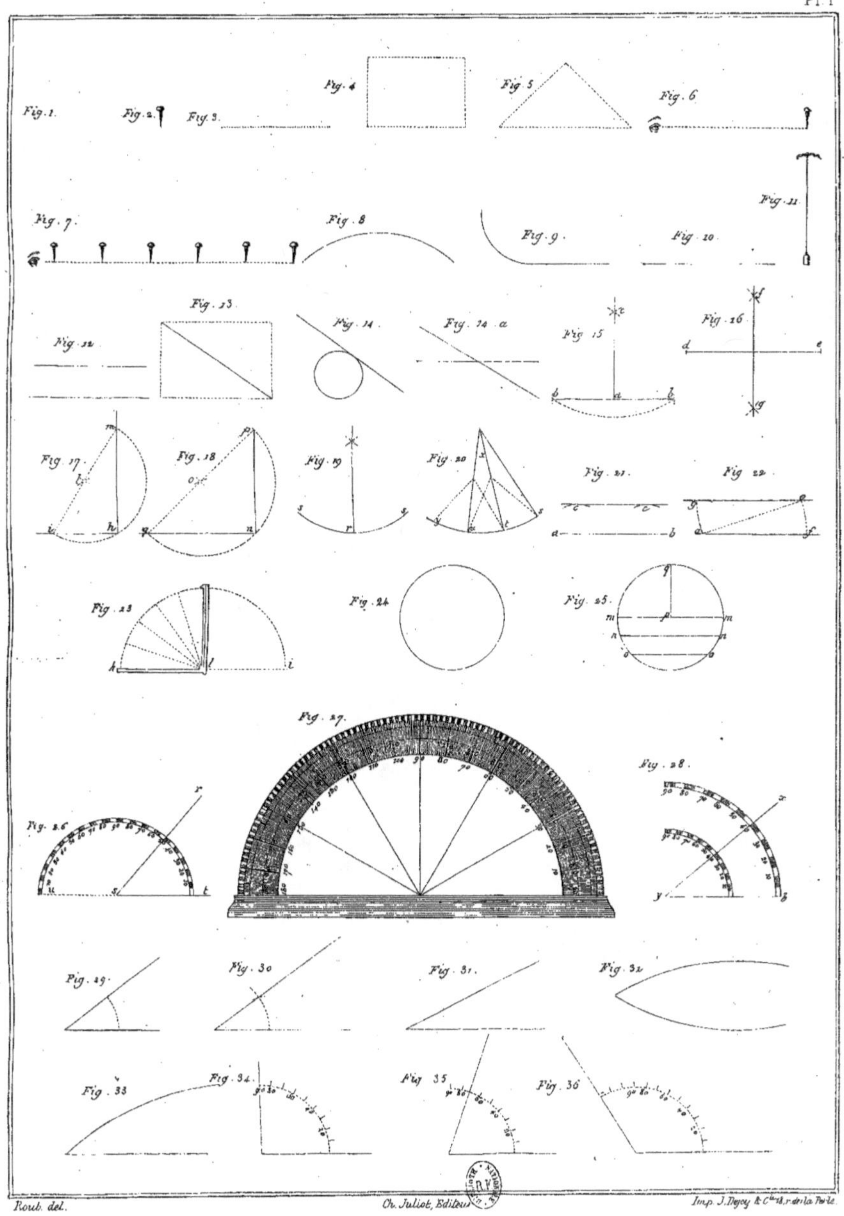

Roub. del.

Ch. Juliot, Éditeur.

Imp. J. Desoy & Cie, r. de la Perle.

ÉLÉMENTS DE GÉOMÉTRIE DES LIGNES DE LA GÉNÉRATION DU CERCLE.

Pl. 2.

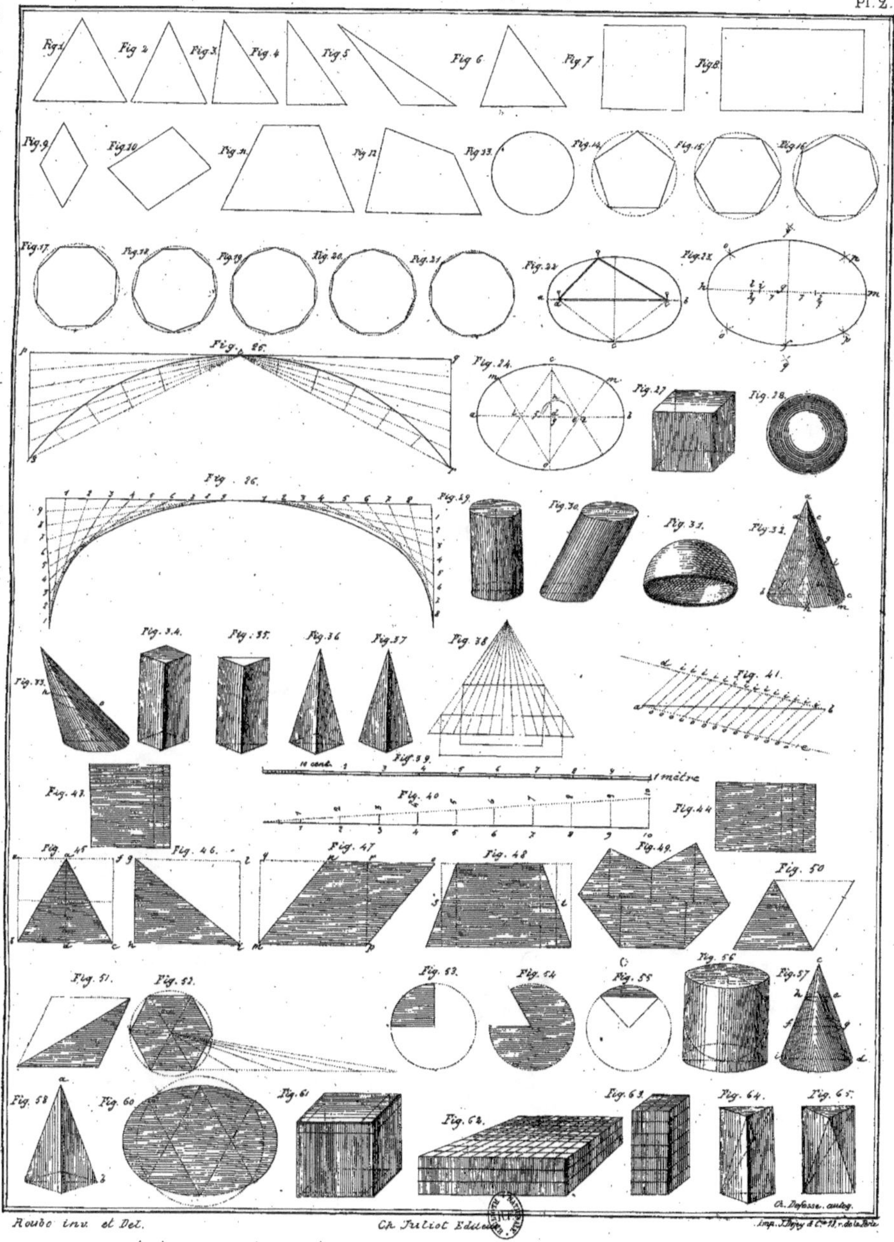

ÉLÉMENTS DE GÉOMETRIE DES SURFACES EN GÉNÉRAL.

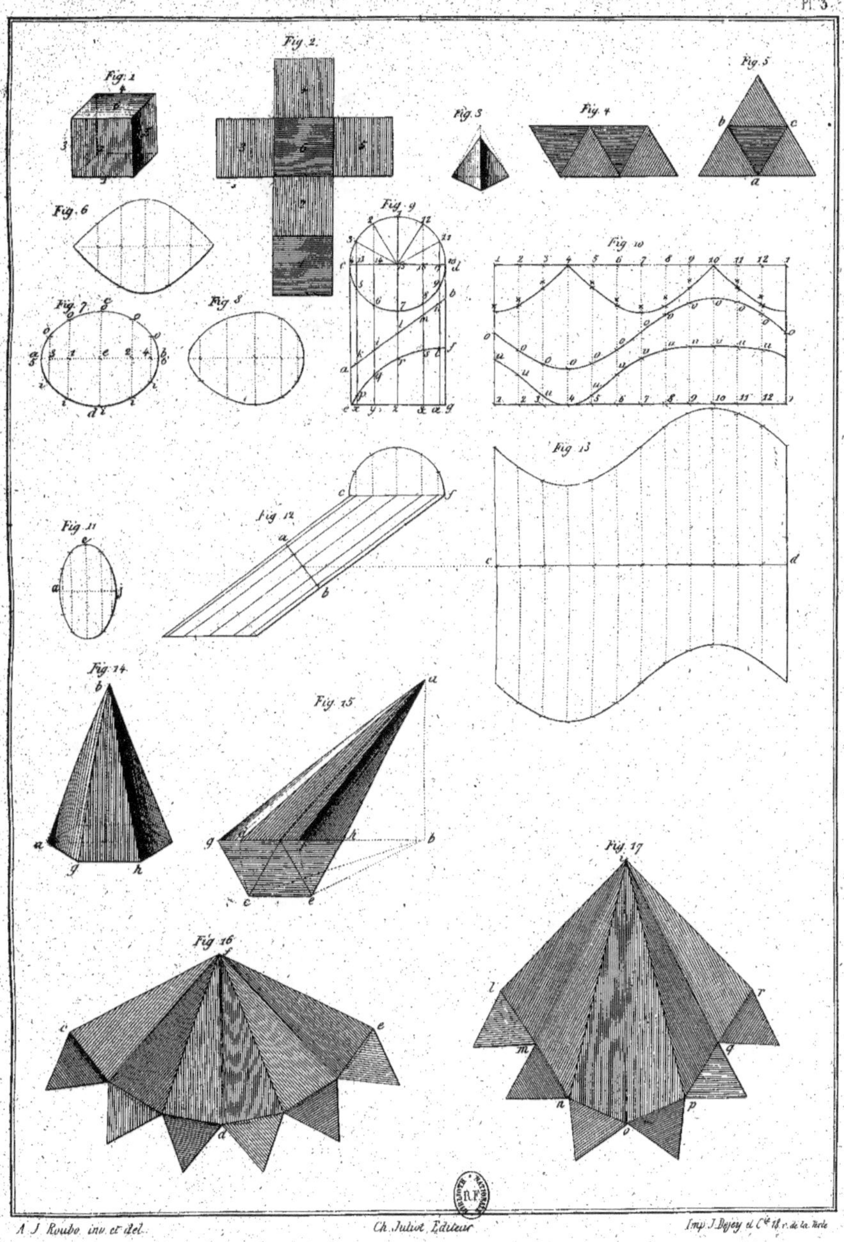

A. J. Roubo, inv. et del.

Ch. Juliot, Éditeur.

Imp. J. Bejey et Cie 14, r. de la Perle.

DÉVELOPPEMENT DES SURFACES DE DIFFÉRENTS CORPS

Pl. 4

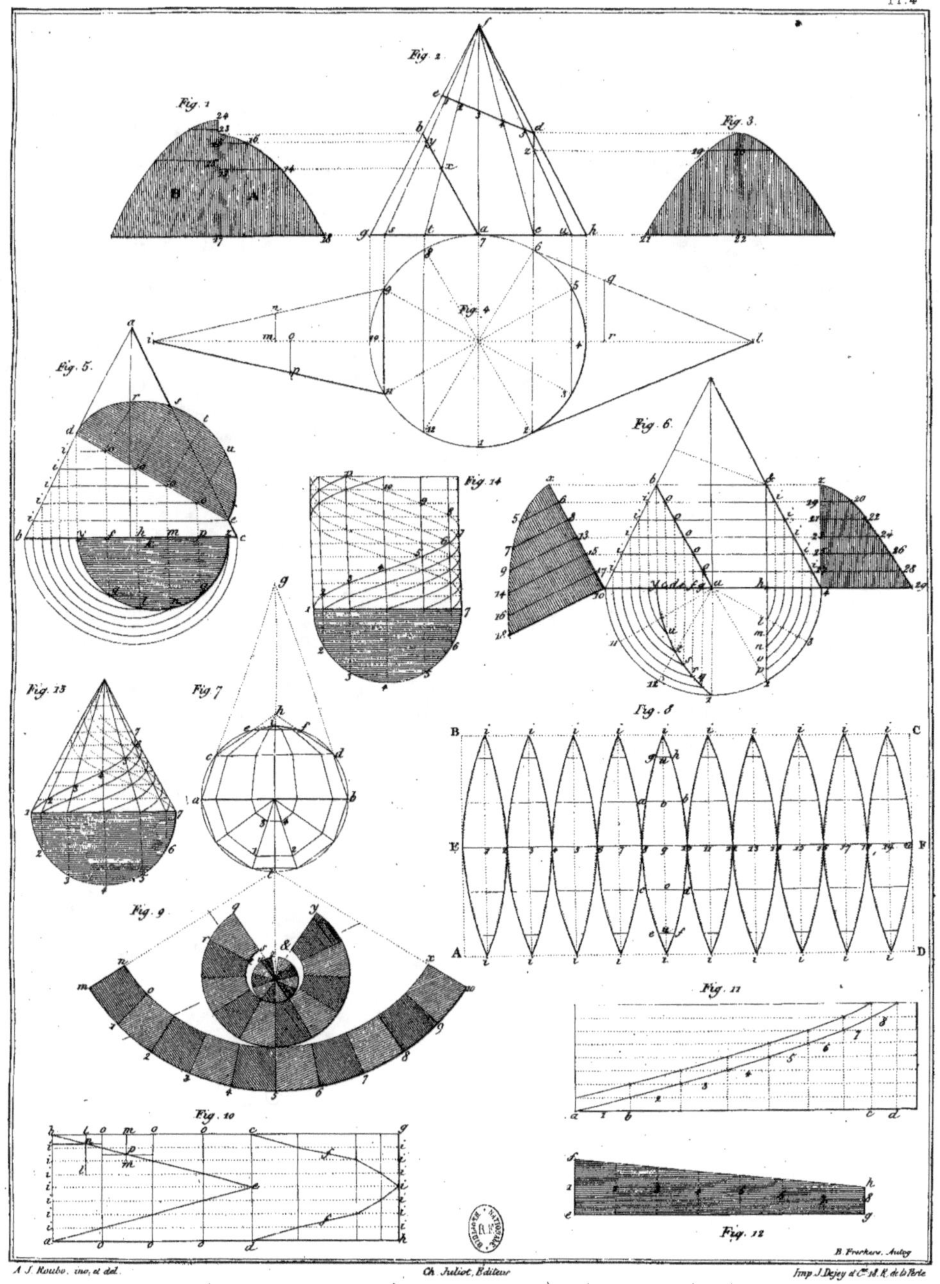

DÉVELOPPEMENT DU CÔNE, DE LA SPHÈRE ET DE L'HÉLICE

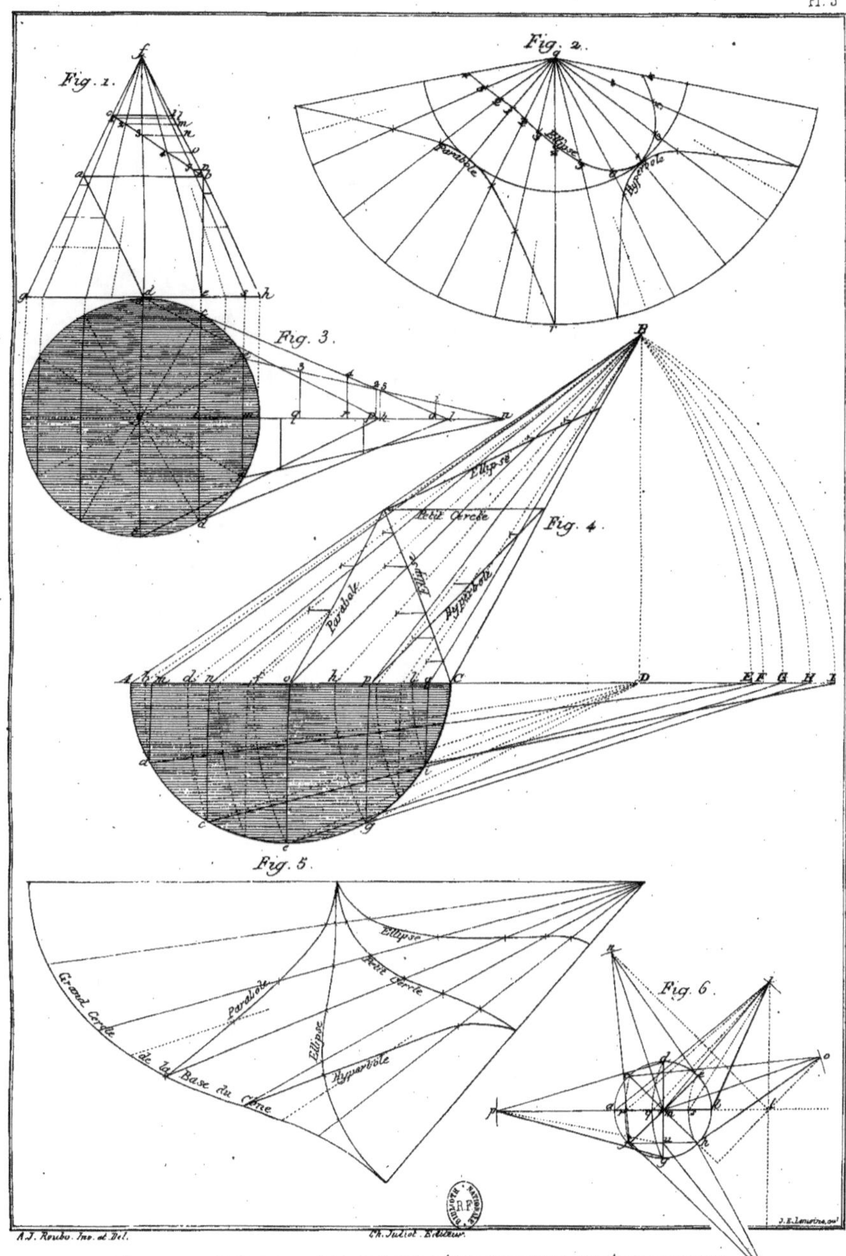

DÉVELOPPEMENTS DES SURFACES DU CÔNE DROIT ET DU CÔNE OBLIQUE.

A.J. Roubo. Inv. et Del.

Ch. Juliot. Editeur.

J.E. Lemaire. sc.

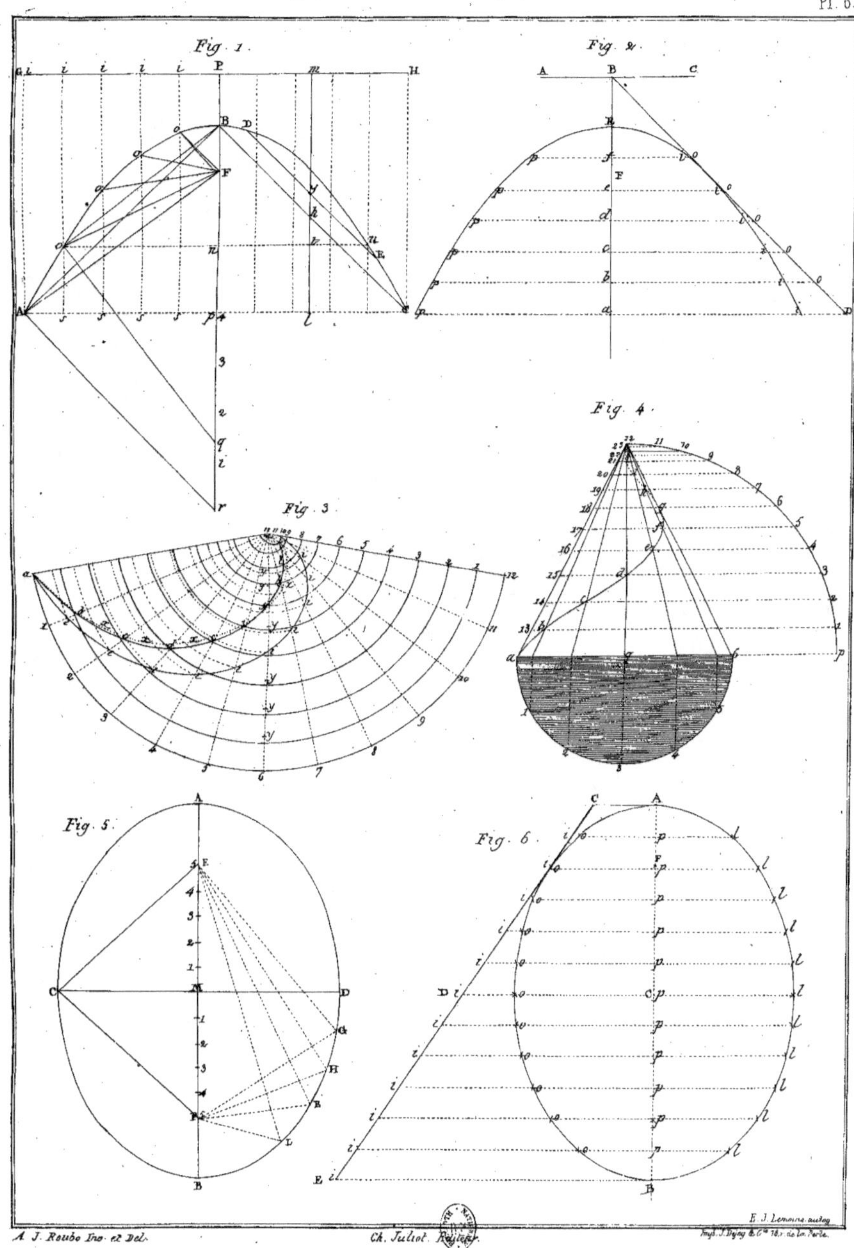

A. J. Roubo Inv. et Del.

Ch. Juliot Rouiller.

E. J. Lemoine autog.

Imp. J. Dijeu & Cie 18, r. de la Parche.

DIFFÉRENTES MANIÈRES DE TRACER LA PARABOLE ET L'ÉLLIPSE.

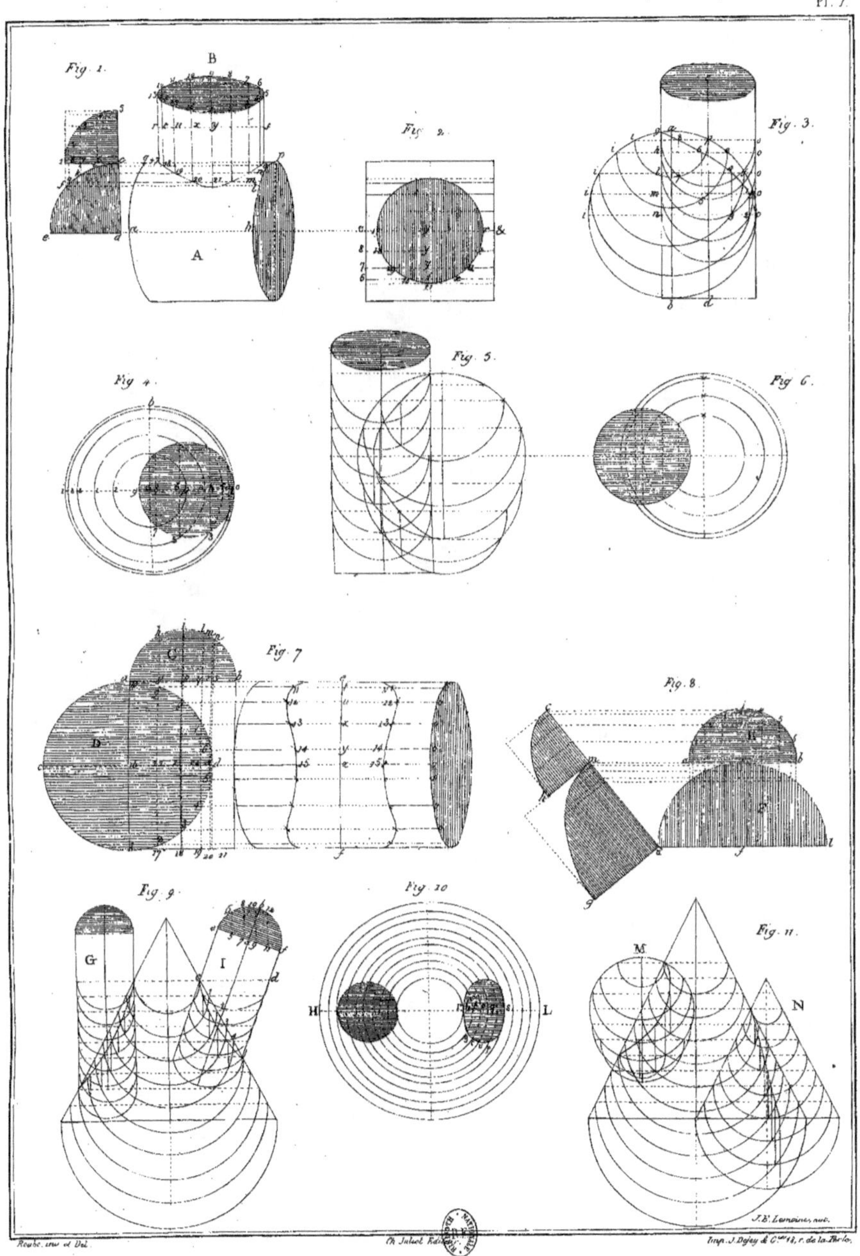

Rouhe. inv et Del.

Ch. Juliot, Editeur.

Imp. J. Dejey & C.ie 13, r. de la Perle.

J. E. Lemoine, sc.

DEVELOPPEMENT DE LA PENETRATION DES CORPS

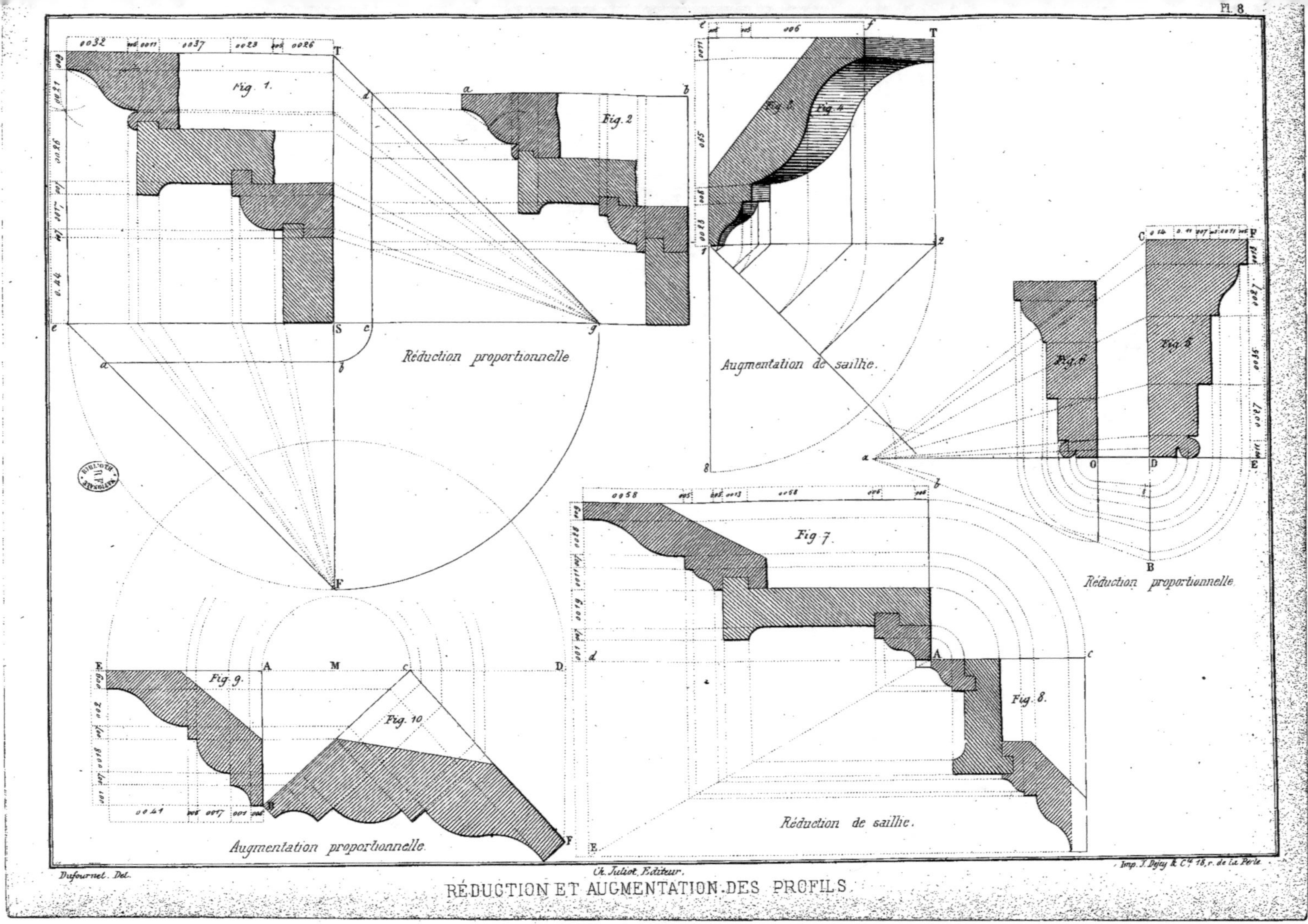

Dufournel. Del.

Ch. Juliot, Éditeur.

Imp. J. Dejey & Cie 18, r. de la Perle.

RÉDUCTION ET AUGMENTATION DES PROFILS.

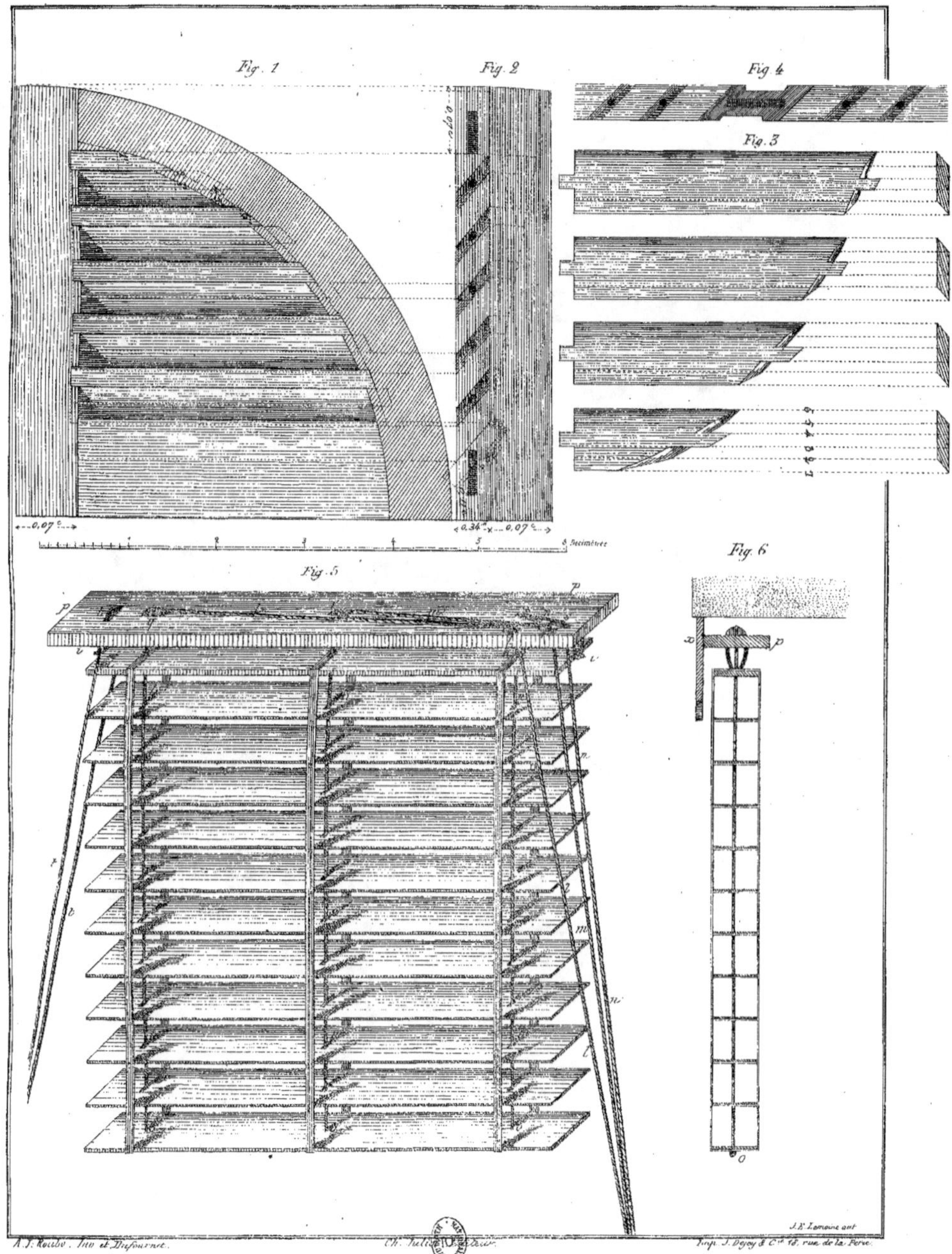

ARCHIVOLTE DE PERSIENNES ET JALOUSIES.

Pl. 10

Fig. 1

Fig. 2

Fig. 3

Fig. 4

Réduction des Profils.

A. Dufournet del.

Ch. Juliot Editeur

Imp. J. Dejey et C.ie 18, r. de la Perle

PROPORTION D'UN FRONTON SUIVANT SERLIO

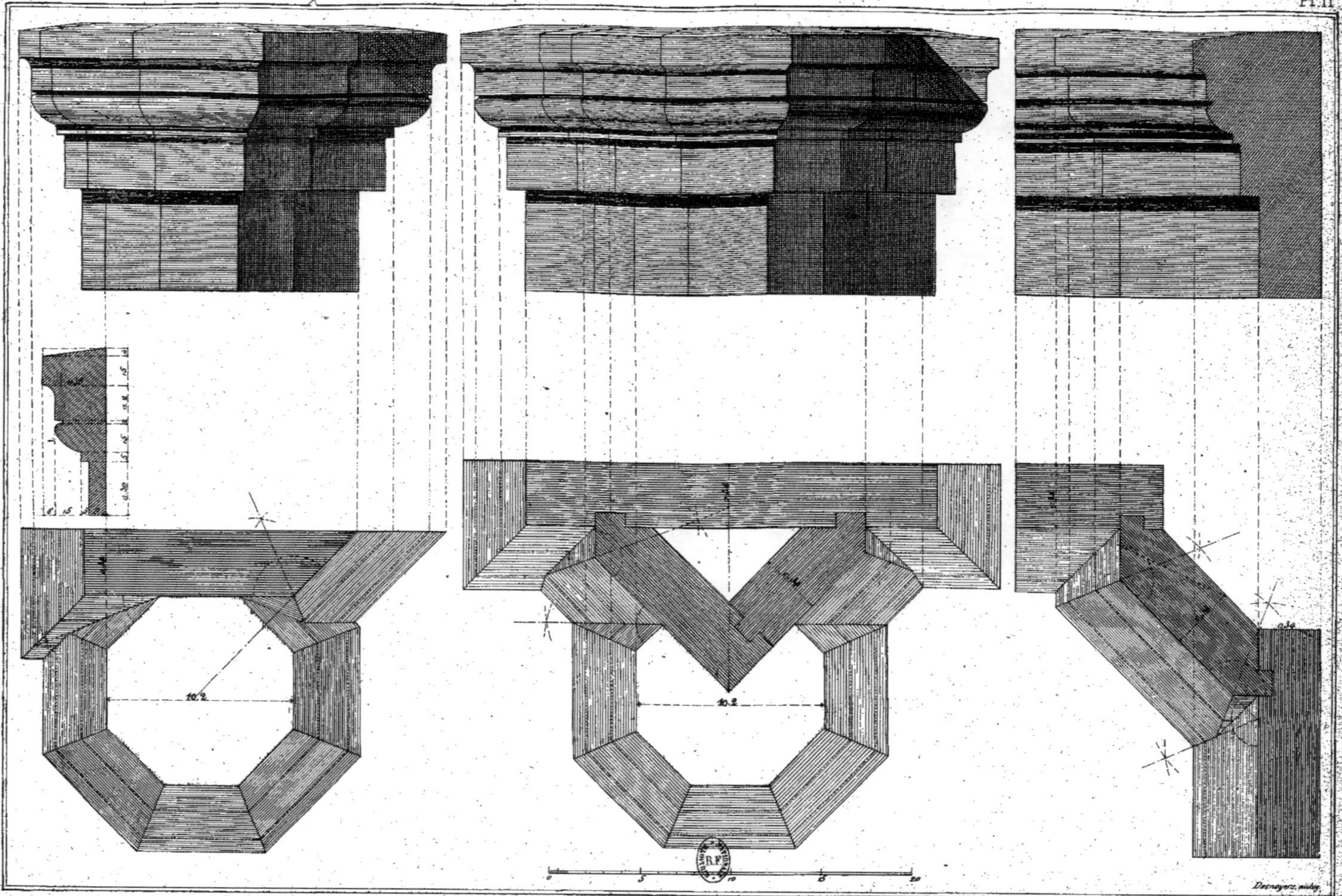

Ch. Juliot, Edit.

Imp. J. Dejey & C.ie, 74, r. de la Perle

Desnoyers, sculp.

RACCORDS DES CYMAISES

sur des Piédestaux octogones formant des angles saillants et rentrants

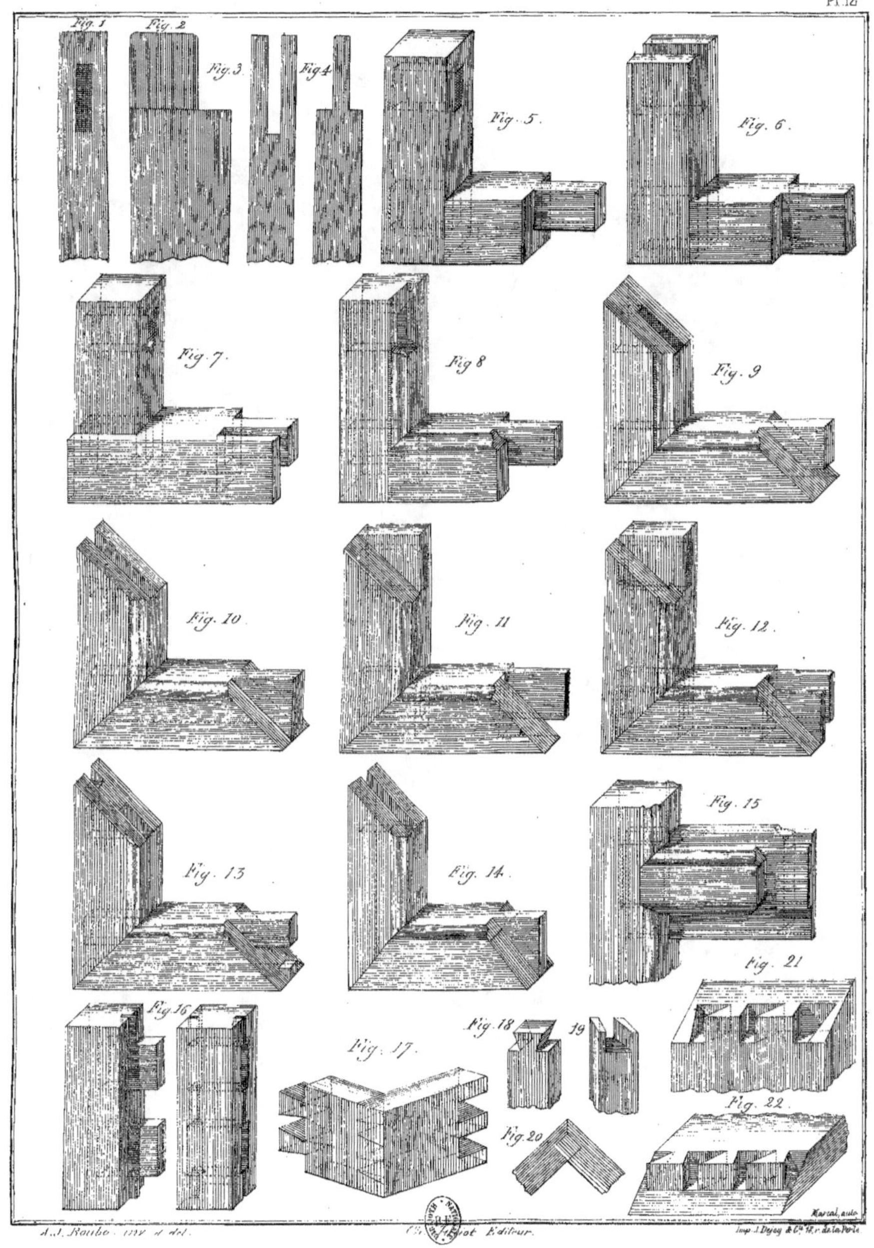

A. J. Roubo inv. et del.

Ch. Juliot Éditeur.

Imp. J. Dejey & Cie, 18, r. de la Perle.

Marcal, sculp.

ASSEMBLAGES SIMPLES DOUBLES ET A QUEUE D'ARONDE.

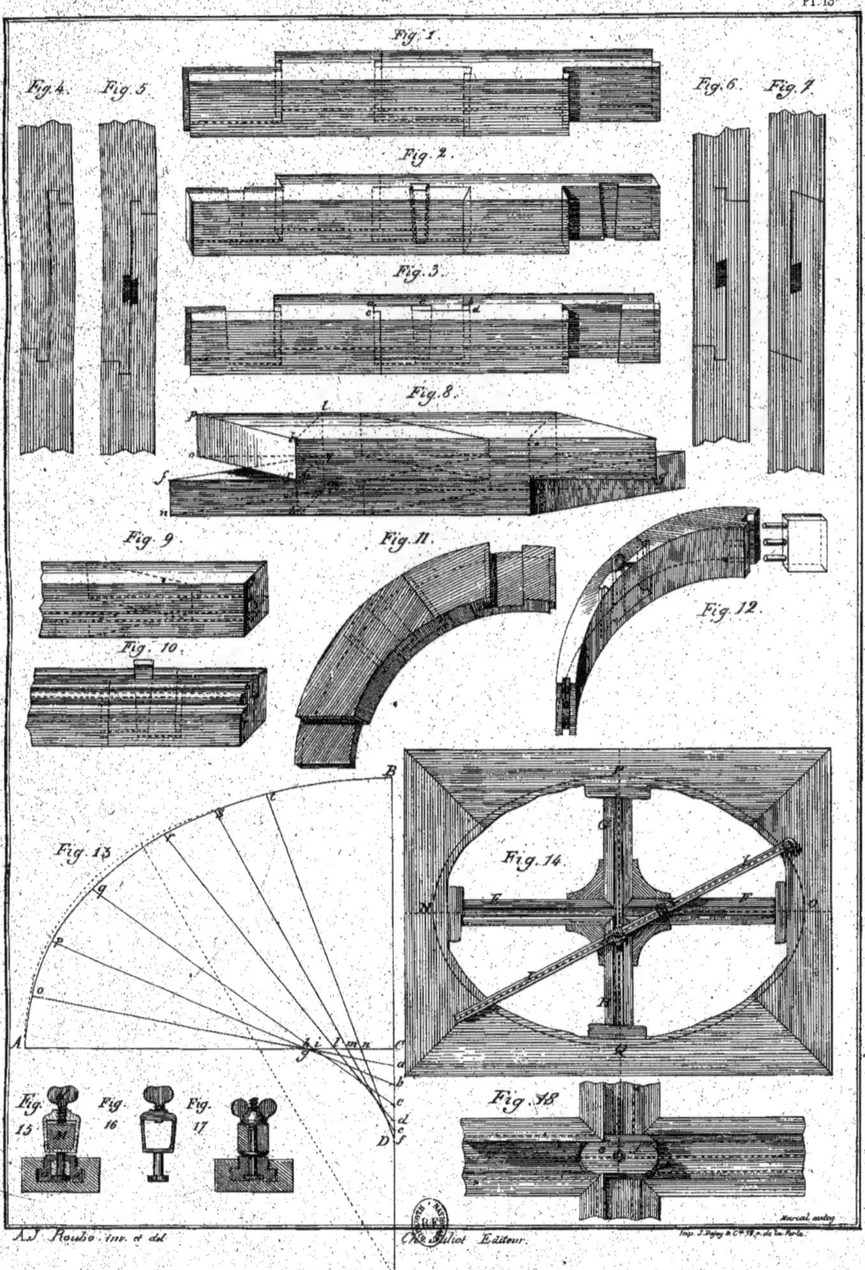

ASSEMBLAGES A TRAIT DE JUPITER ET EQUERRE MOBILE.

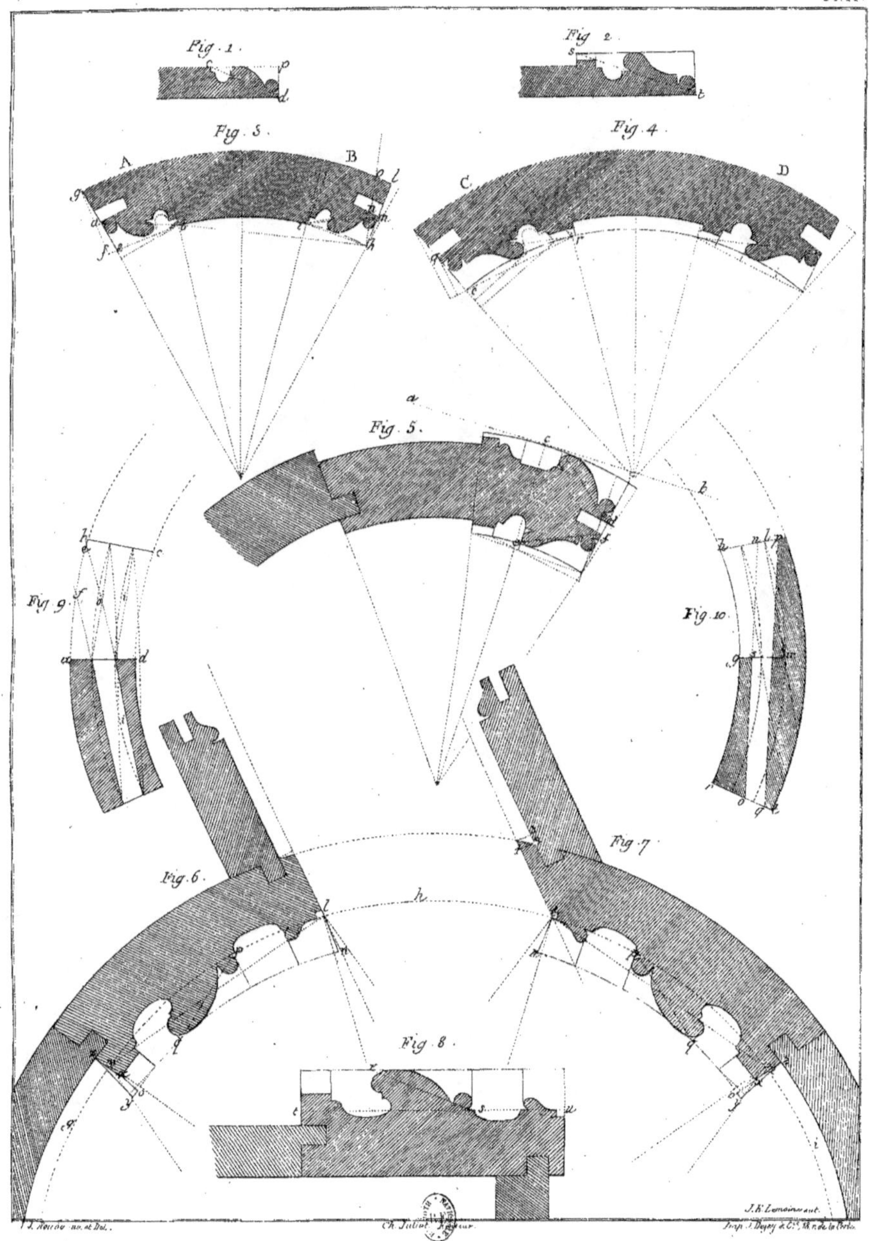

MANIÈRE DE METTRE D'EQUERRE LES BOIS CINTRÉS ET ORNÉS DE MOULURES.

MANIÈRE DE CONSTRUIRE LES COLONNES, LES BASES, LES CHAPITEAUX ET LES ENTABLEMENTS DE BOIS.

L'ART DE LA ME
Fig. 4.
Échelle de l'ensemble
Fig. 1.
Plan du   soubassement
2,30
Dufournet del.
Ch. Juliot, Edit.

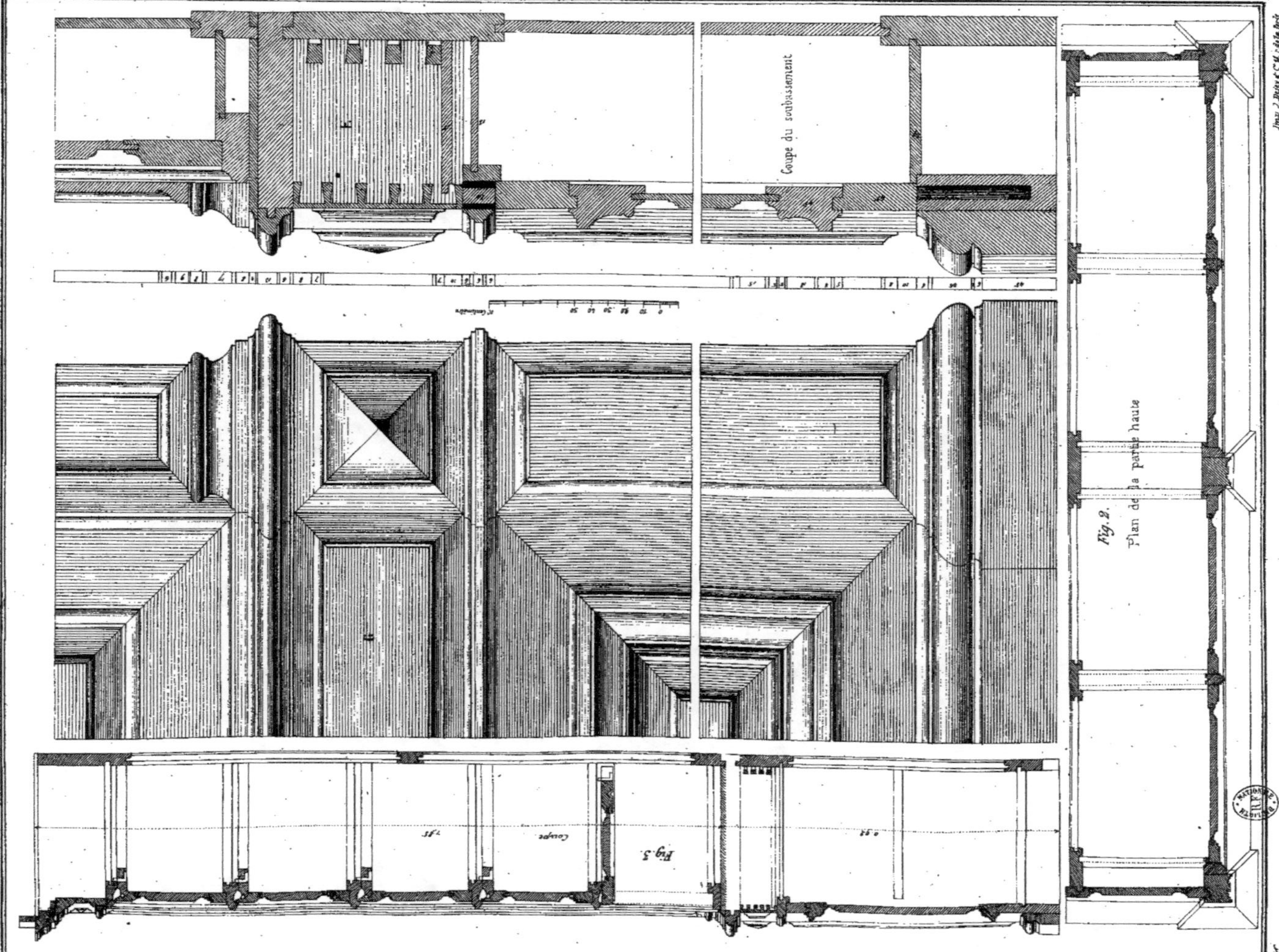
Coupe du soubassement
Fig. 2.
Plan de la partie haute
Fig. 3.
Coupe
ÉTRALE D'UN CASIER A TRAPPES

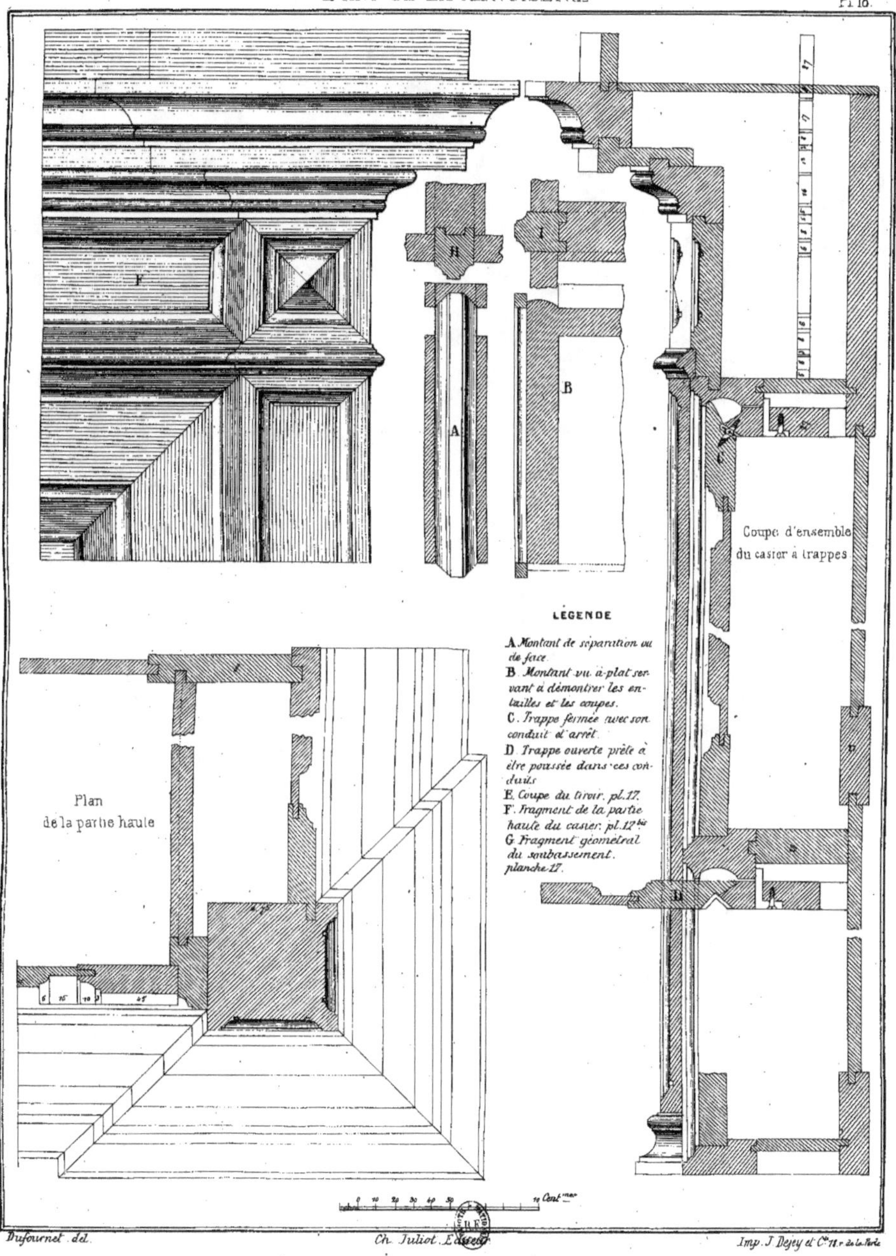

Dufournet del.

Ch. Juliot Editeur

Imp. J. Dejey et C.ie 11. r. de la Perle

DÉTAIL DU CASIER A TRAPPES

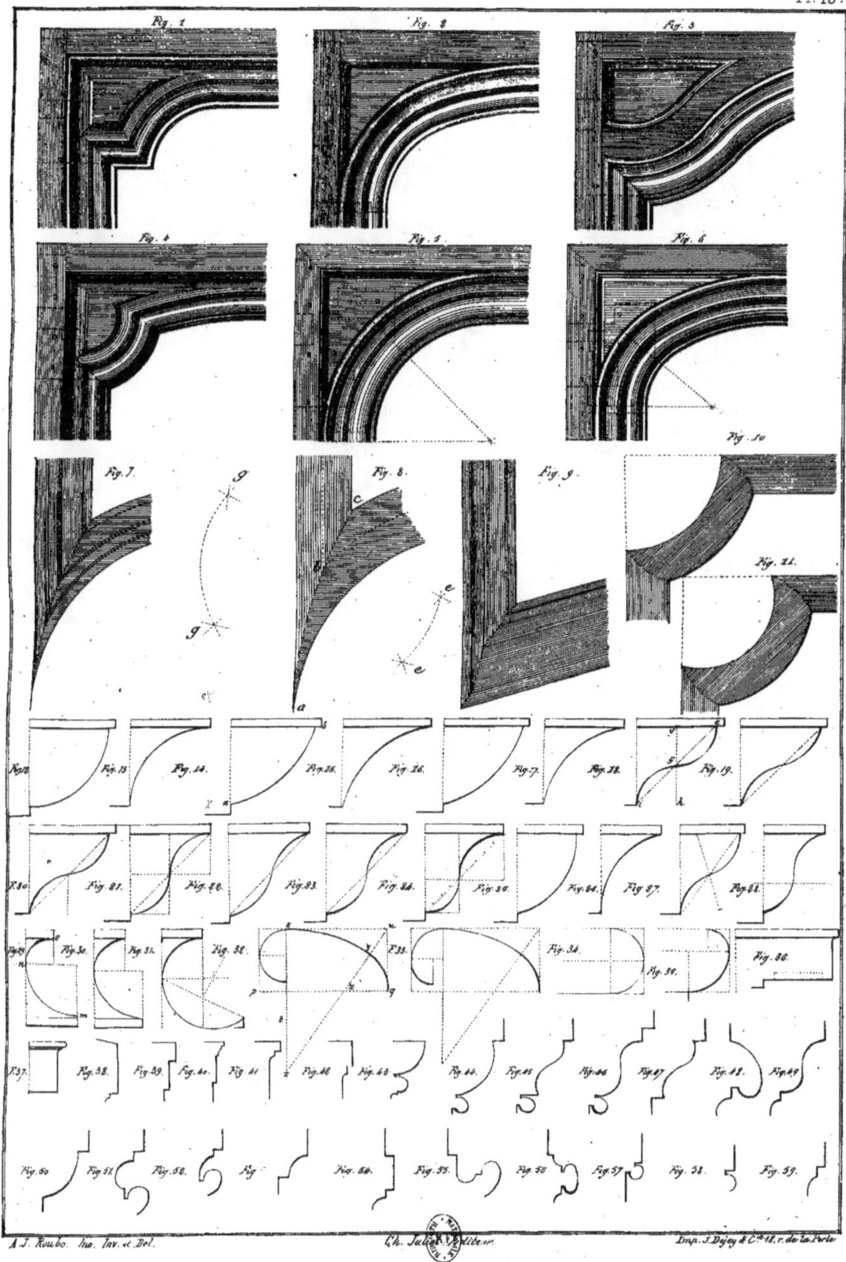

MANIÈRE DE DÉTERMINER LES COUPES, LES JOINTS LES ASSEMBLAGES, DES TRAVERSES, CINTRÉES ET TRACER LES MOULURES GÉOMÉTRIQUEMENT

DÉVELOPEMENT DES PORTES ET PROFILS DES PLACARDS

ÉLÉVATION GÉOMÉTRALE D'UNE PORTE COCHÈRE EXÉCUTÉE

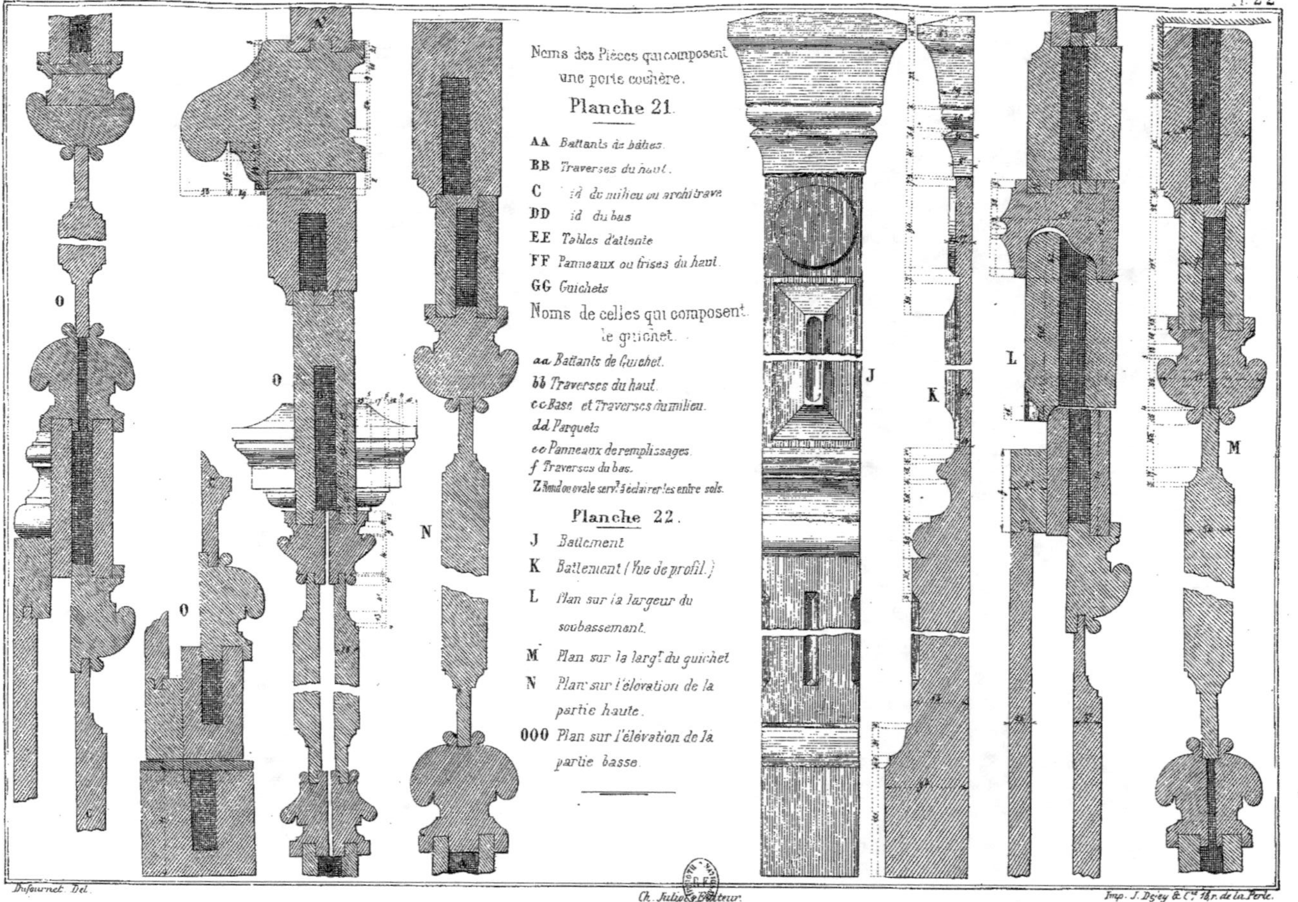

DÉVELOPPEMENT ET ASSEMBLAGE D'UNE PORTE COCHÈRE.

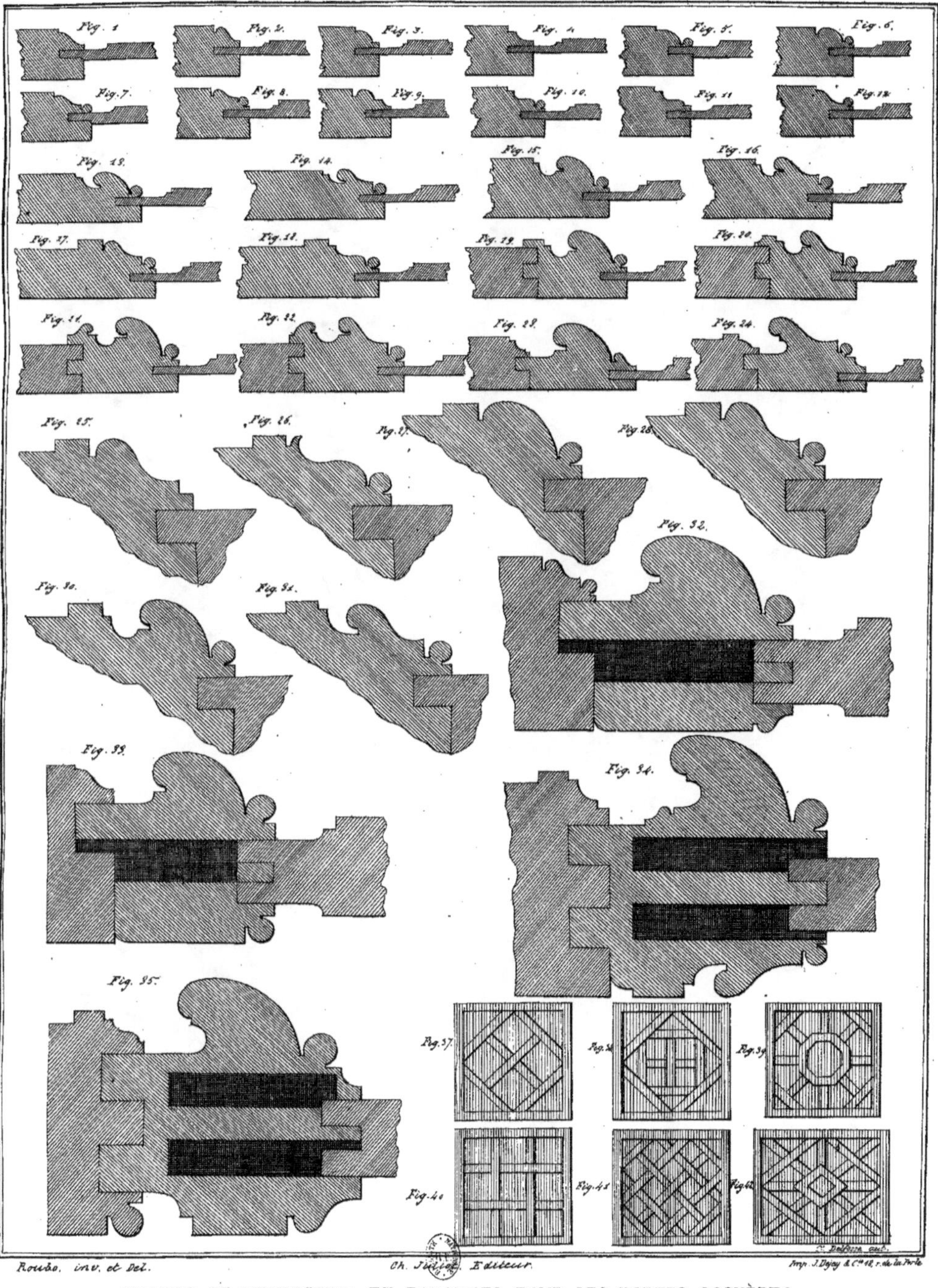

Roubo, inv. et Del.

Ch. Juliot, Editeur.

Imp. J. Dejey & Cie, r. de la Perle.

PROFILS DE MENUISERIE ET PARQUETS POUR LES PORTES COCHÈRES.

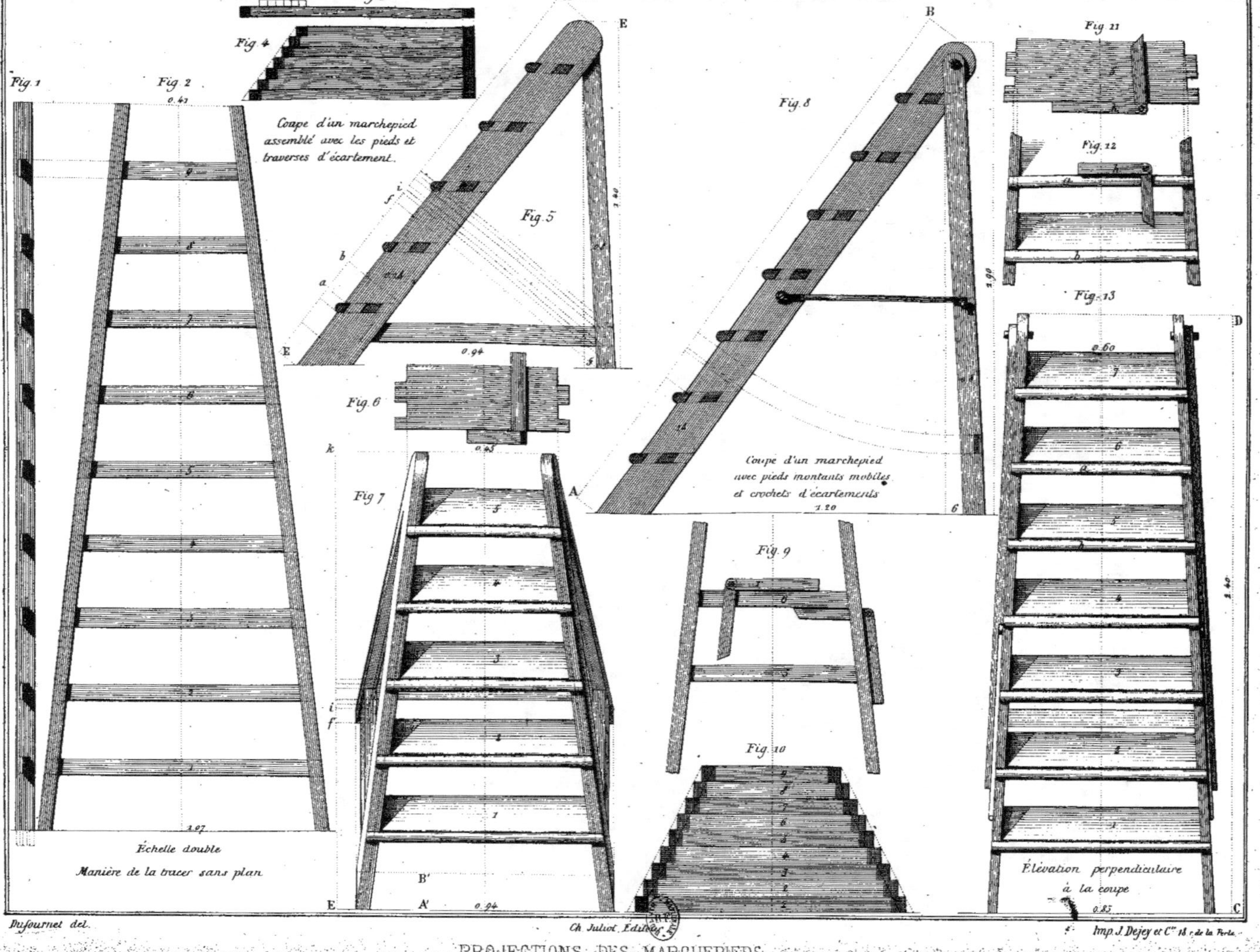

PROJECTIONS DES MARCHEPIEDS.

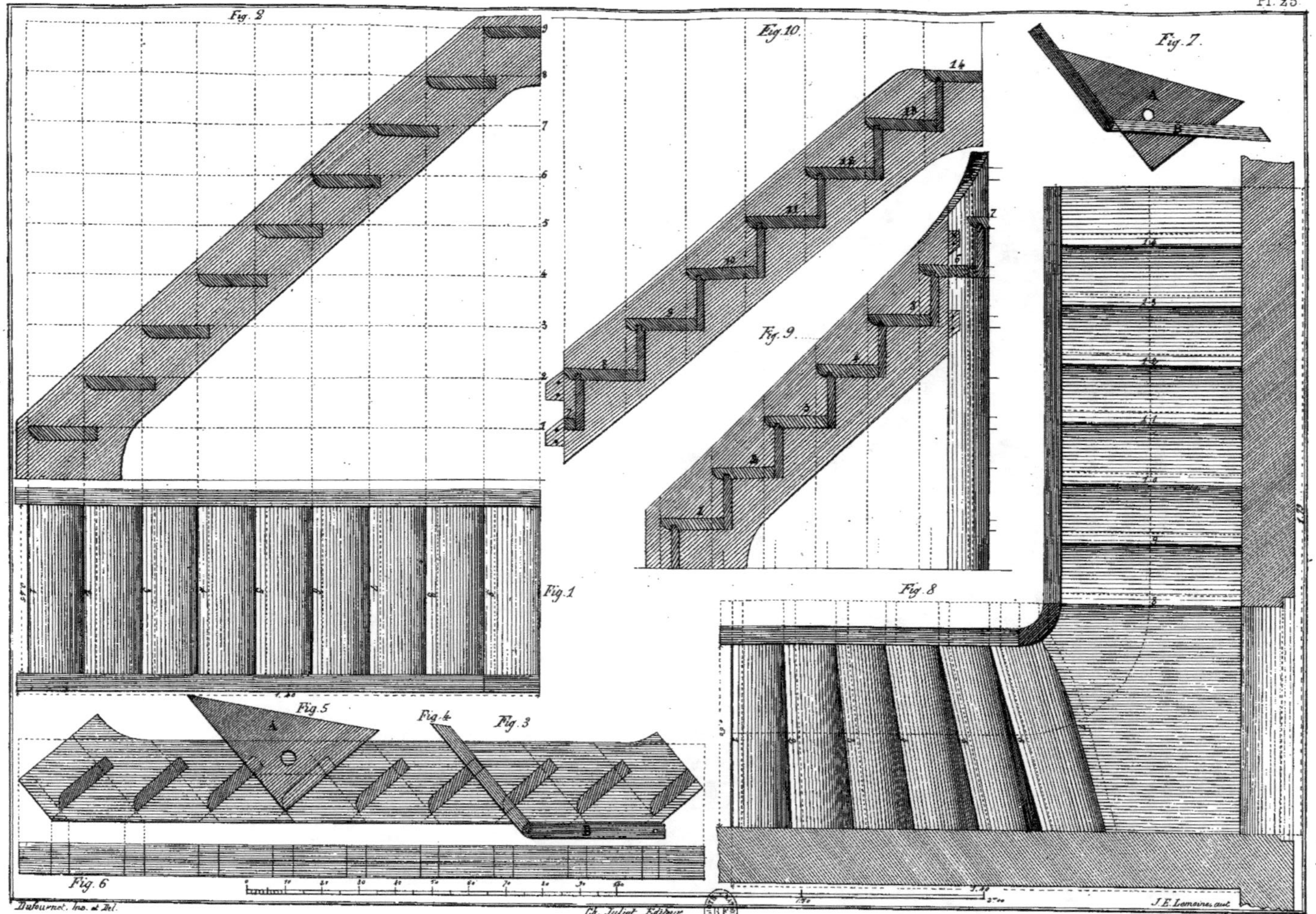

Dufournet, Inv. et Del.

Ch. Juliot, Editeur.

J. E. Lemoine, aut.

Imp. J. Doisy & Cie, 18, r. de la Parcheminerie Paris

ECHELLE DE MEUNIER ET ESCALIER DROIT EN RETOUR D'EQUERRE

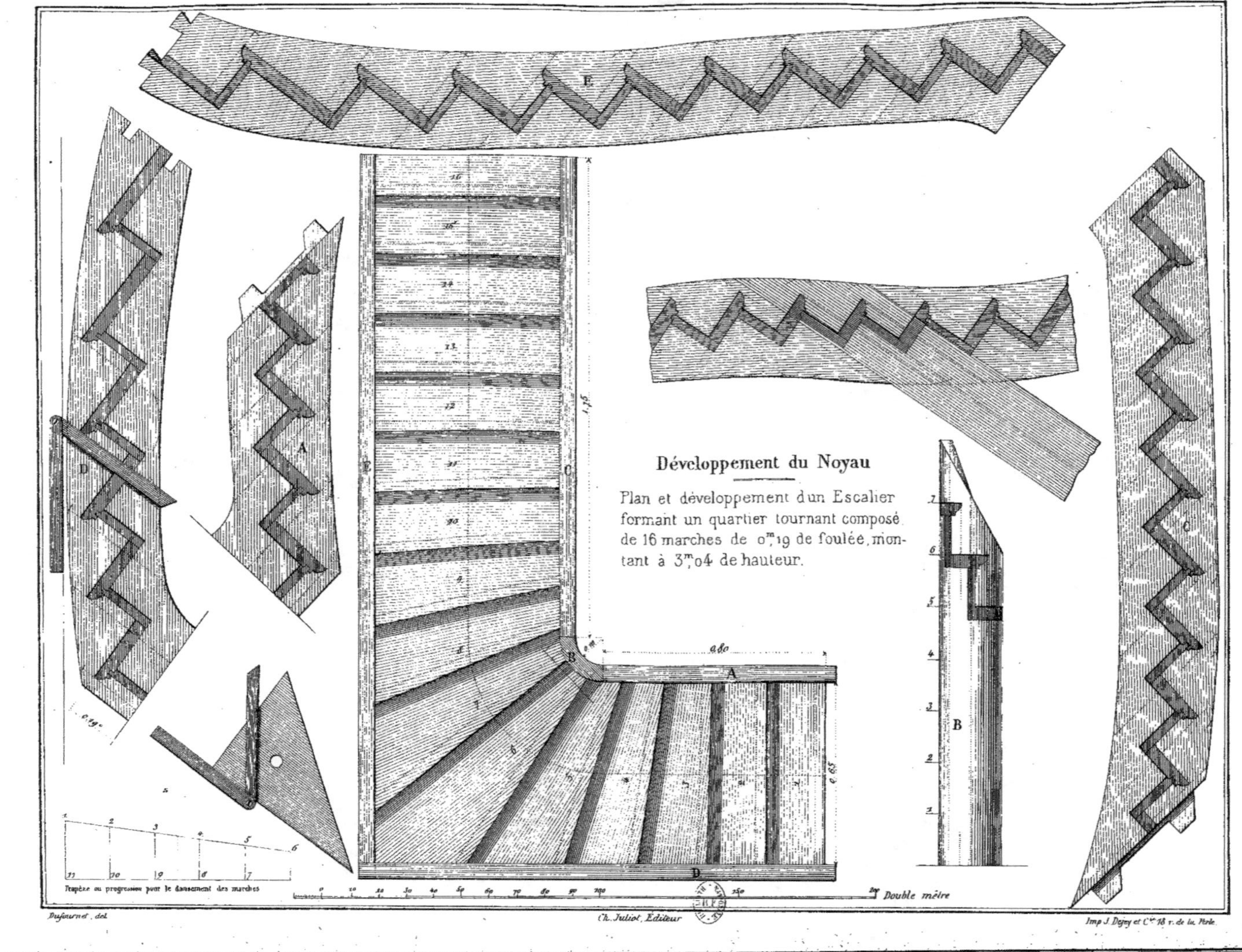

Développement du Noyau

Plan et développement d'un Escalier
formant un quartier tournant composé
de 16 marches de 0.m19 de foulée, montant à 3.m04 de hauteur.

Trapèze ou progression pour le dansement des marches

Double mètre

Dufournet, del.

Ch. Juliot, Editeur

Imp. J. Dejey et C.ie 18 r. de la Perle.

Escalier en vis St Gilles
composé de 14 marches de 0m,21 de foulée, montant à 2m,94

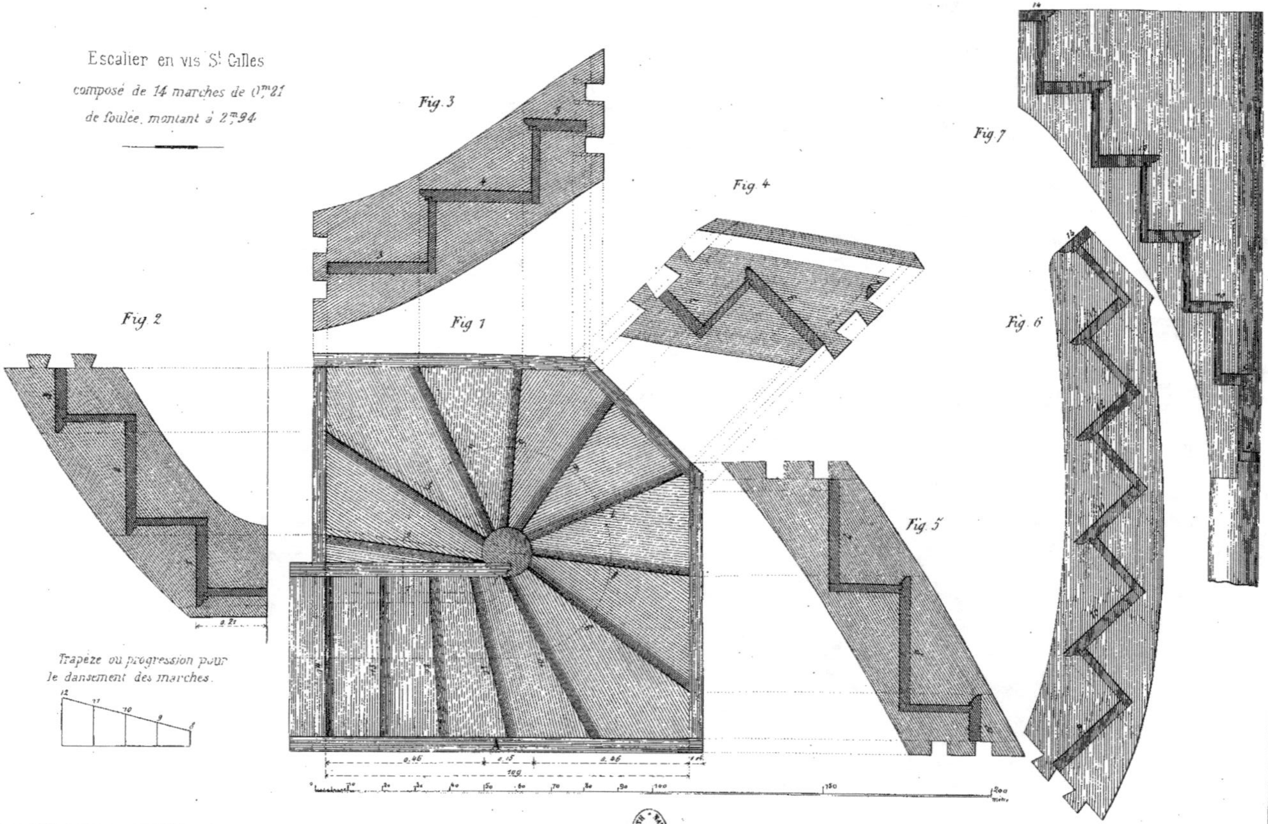

Dufournet del. *Ch. Juliot Éditeur* *Imp. J. Dejey et Cie 18 r. de la Perle*

ESCALIER EN VIS St GILLES

Pl. 28

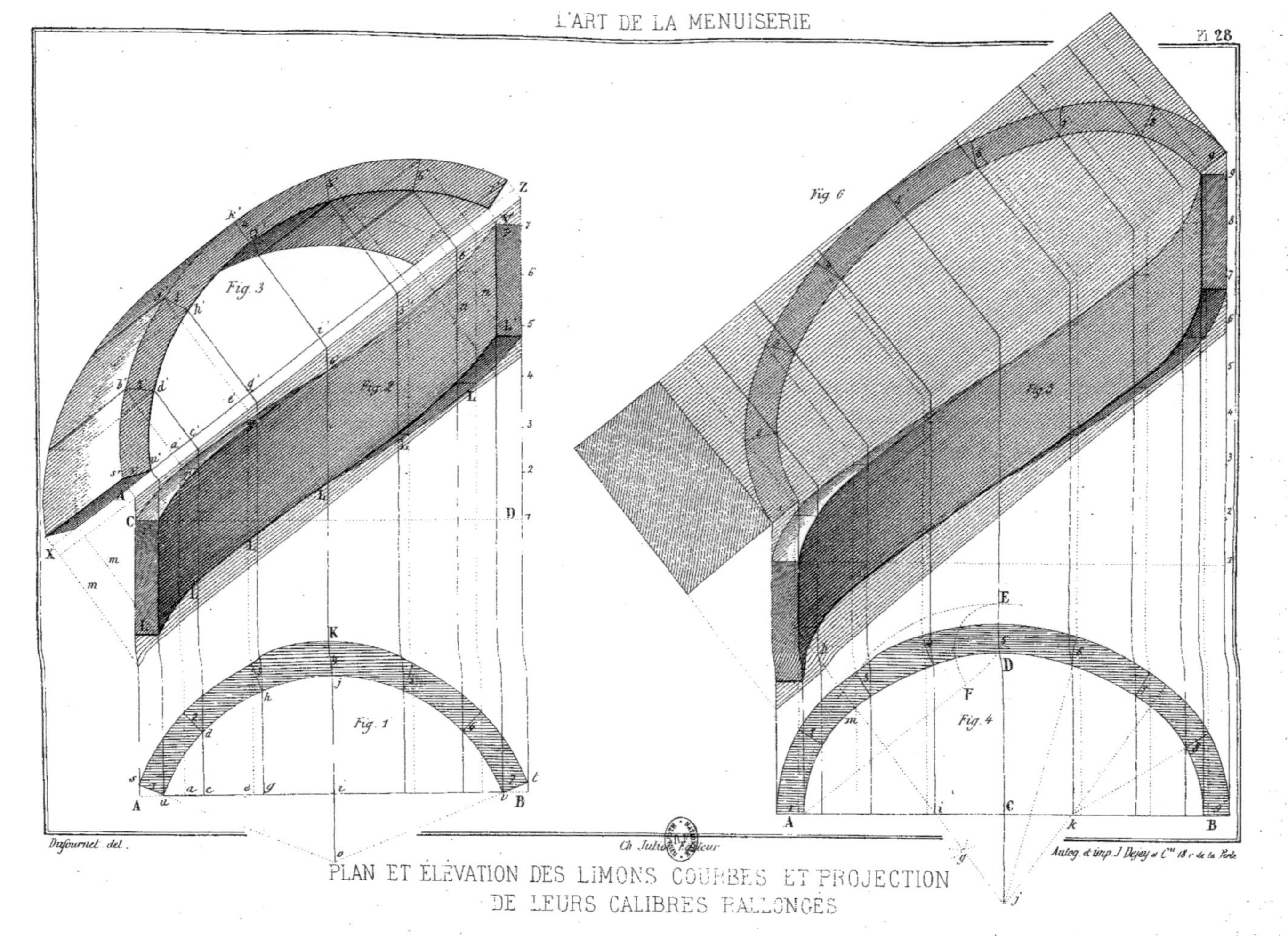

Dufourniel del.

Ch. Juliot, Éditeur.

Autog. et imp. J. Dejey et Cie 18 r. de la Perle

PLAN ET ÉLÉVATION DES LIMONS COURBES ET PROJECTION
DE LEURS CALIBRES RALLONGÉS

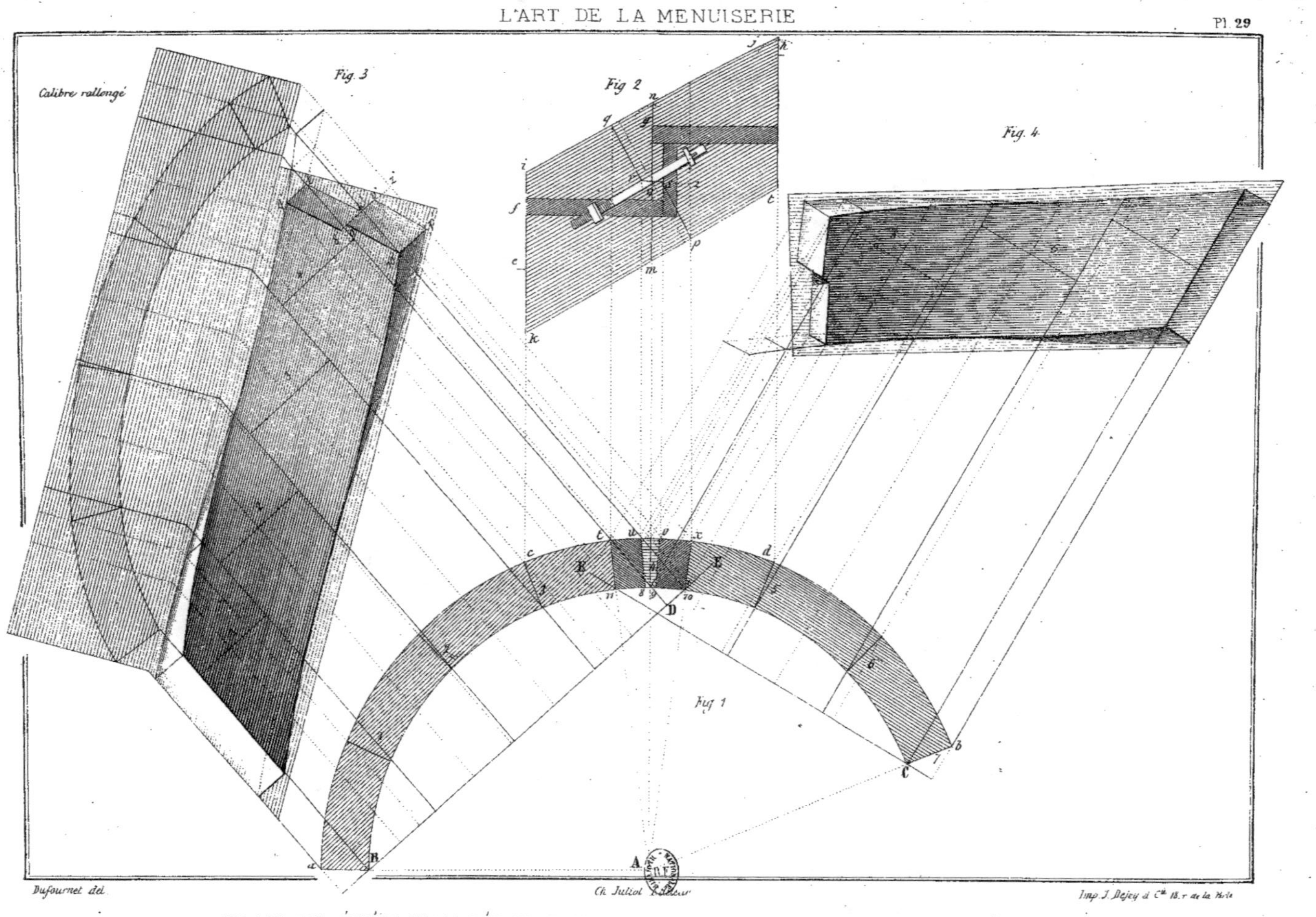

Dufournet del.

Ch. Juliot Editeur

Imp. J. Dejey et C.ie 18. r. de la Perle

PLAN ET ÉLÉVATION D'UNE COURBE ET DE SA COUPE A CROCHET

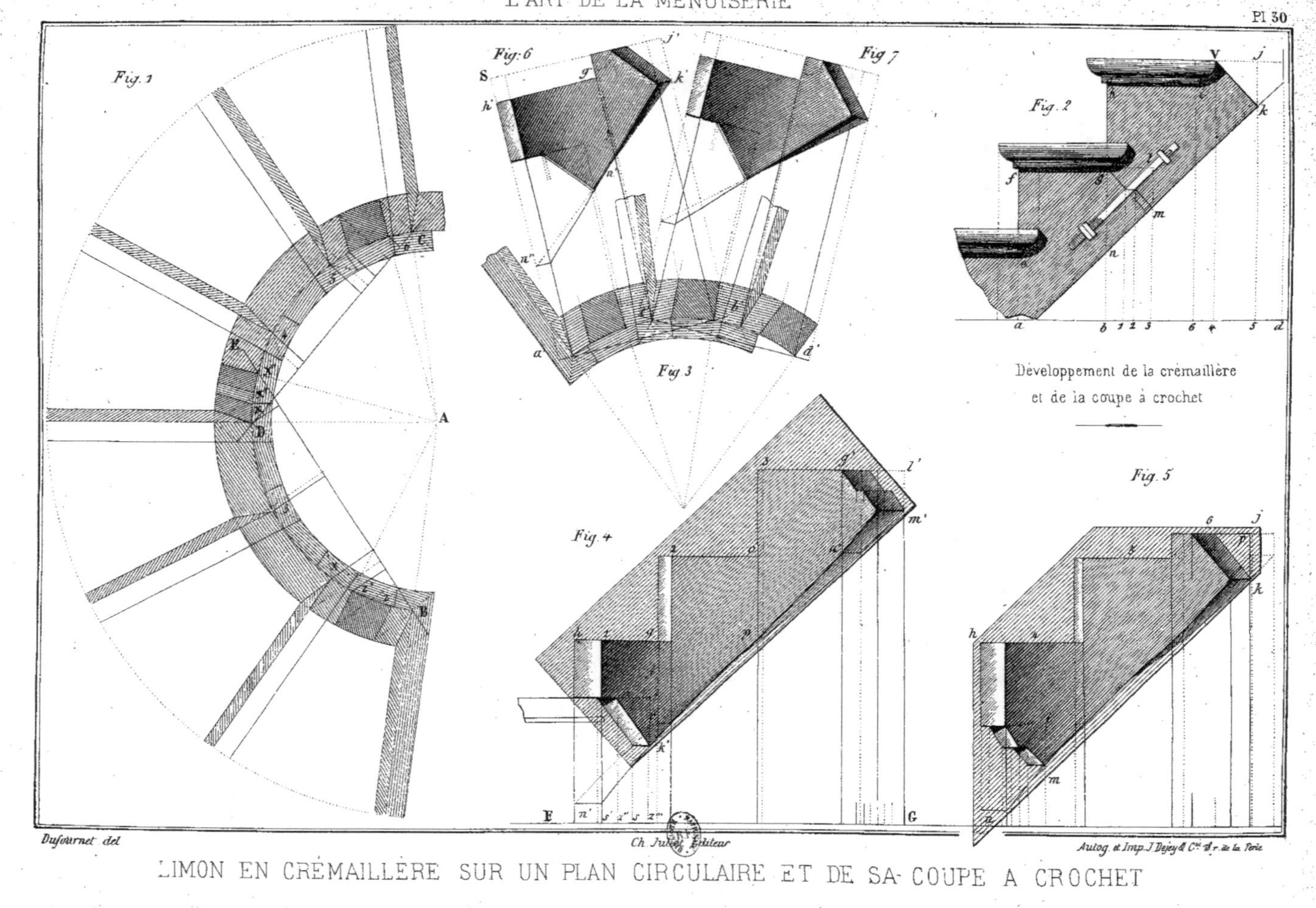

LIMON EN CRÉMAILLÈRE SUR UN PLAN CIRCULAIRE ET DE SA COUPE A CROCHET

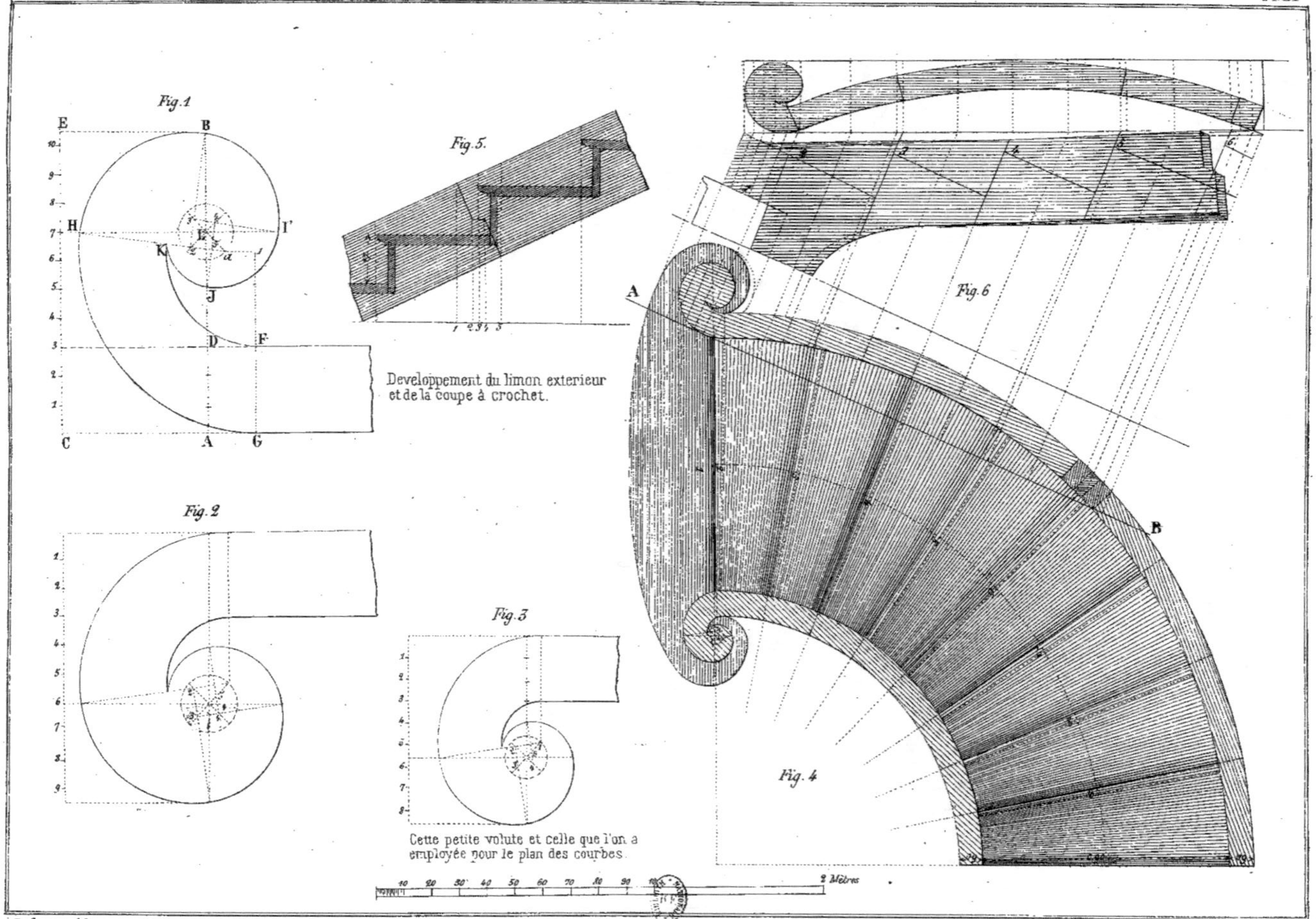
Fig. 1
E
B
H
I'
K
J
D
F
C
A
G
Fig. 5.
Developpement du limon exterieur
et de la coupe à crochet.
Fig. 2
Fig. 3
Cette petite volute et celle que l'on a
employée pour le plan des courbes.
Fig. 6
A
B
Fig. 4
2 Mètres

Dufournet del.

Ch. Juliot, Éditeur.

Imp. J. Dejey & Cie 18, r. de la Perle.

MANIÈRE DE DETERMINER LES VOLUTES DES GRAND ET PETIT ESCALIERS

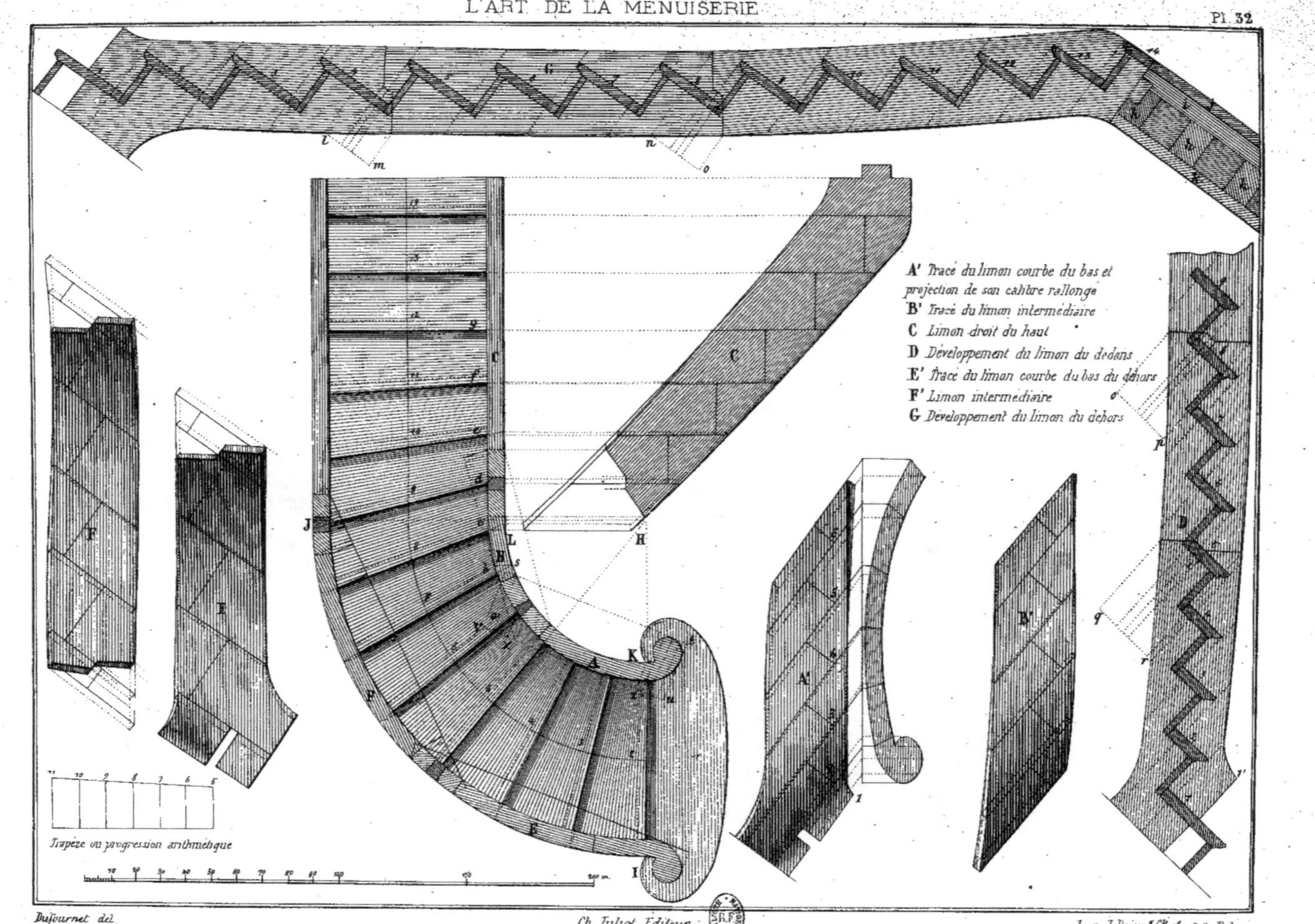

Dujournet del.

Ch. Juliot Éditeur

Imp. J. Dejey & Cie 18 r. de la Paix

PLAN ET DÉVELOPPEMENT D'UN ESCALIER MIXTE MONTANT A 2 mètres 66 centim.

PL. 33.

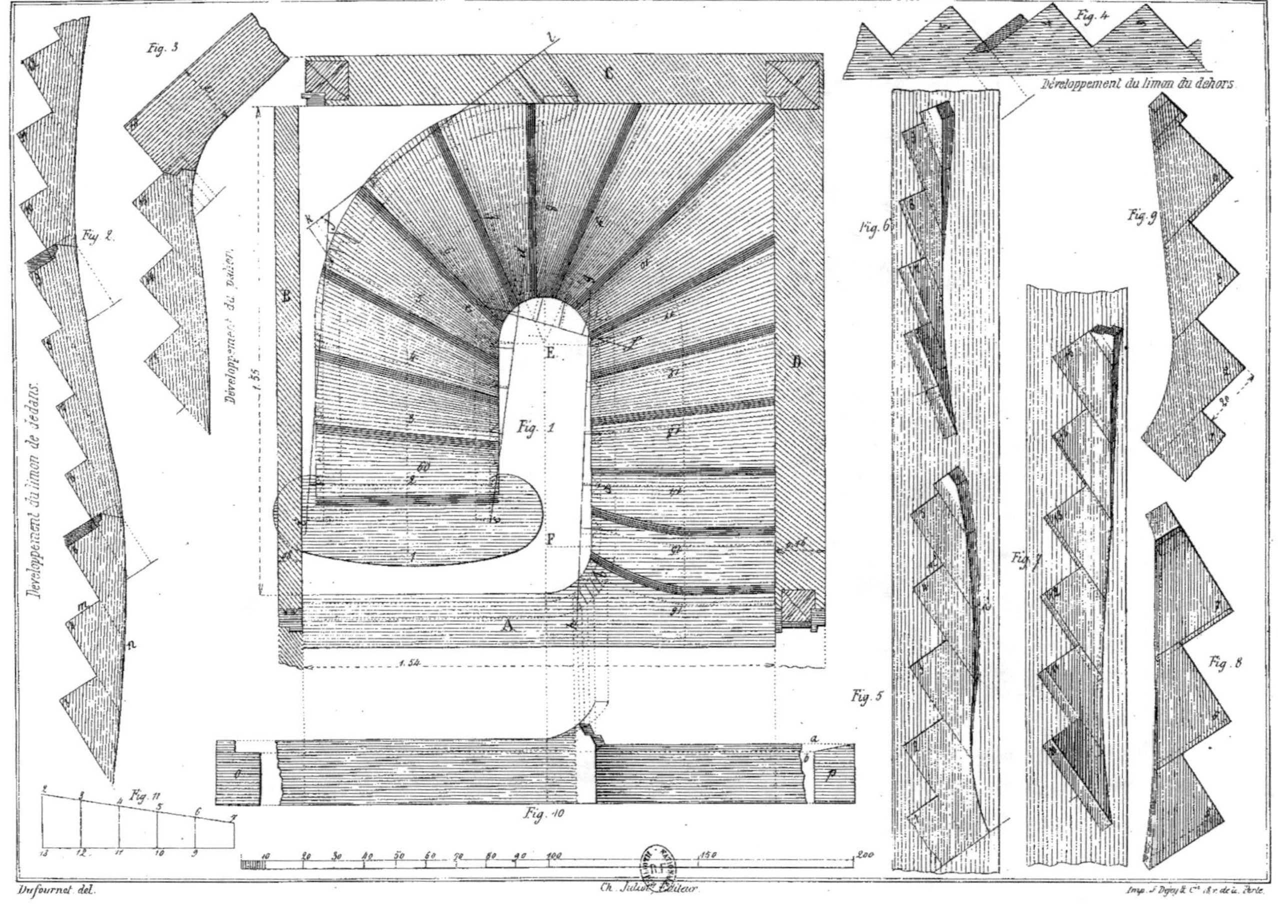

ESCALIER MIXTE DIT EN BRIQUET

ESCALIER SUR UN PLAN OVALE ET A CRÉMAILLÈRE

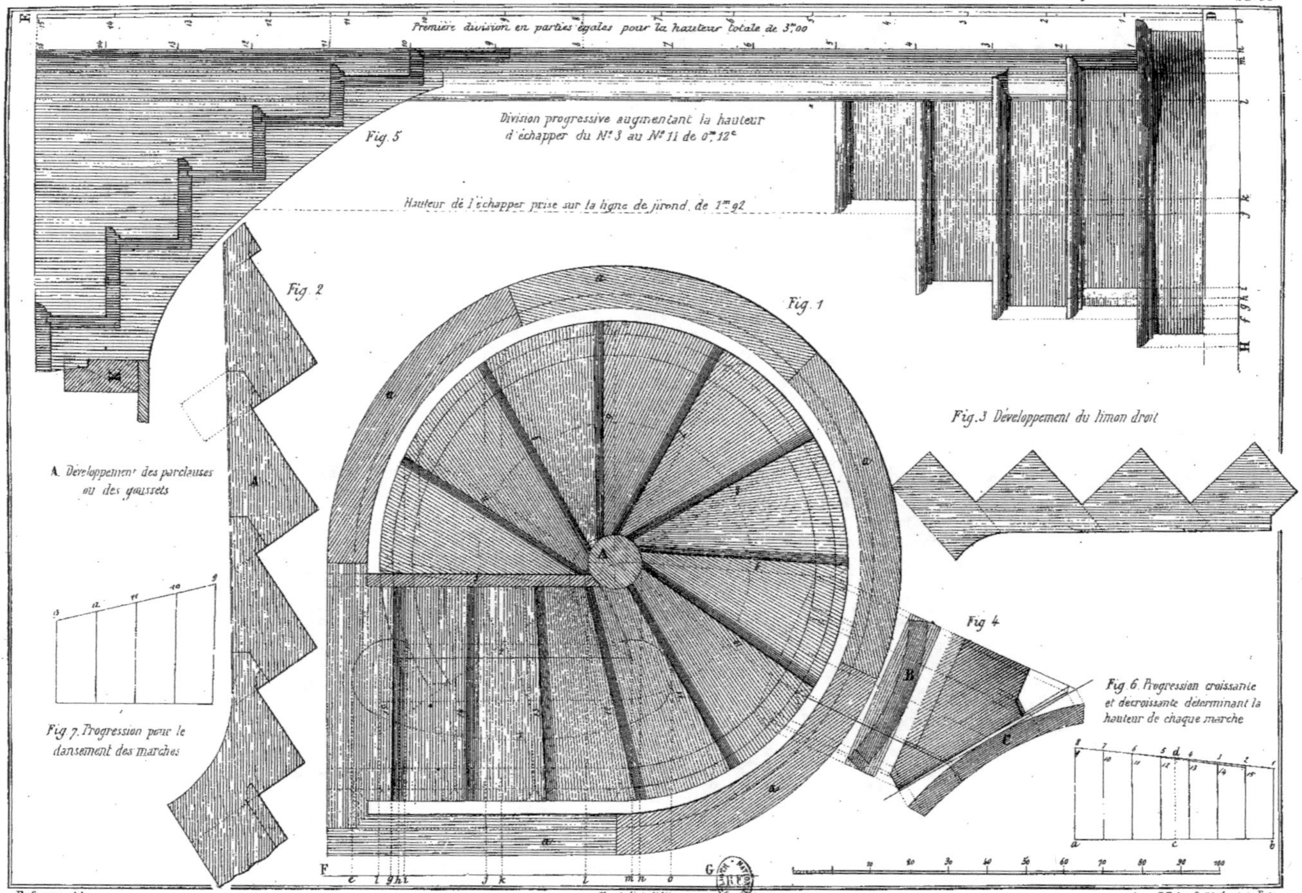

Dufourni del. — Ch. Juliot, Éditeur. — Imp. J. Dejey & Cie

ESCALIER A NOYAU PLEIN SUR UN PLAN MIXTE

Fig. 6

Fig. 2

Fig. 1

Fig. 5

Fig. 3

Fig. 4

Noyau des douelles pour le limon E.

Noyau des douelles pour le limon C.

Progression pour le dancement des marches.

Dufournet. Del.

Ch. Juliot, Editeur.

Imp. J. Pigny & Cie 18, r. de la Perle.

MANIÈRE DE FAIRE LE DÉVELOPPEMENT DES LIMONS ET DE LES TRACER A LA FAUSSE ÉQUERRE.

Dufournet. del.

Ch. Juliot, Éditeur.

Imp. J. Dejey & Cⁱᵉ 18 - de la Perle

PLAN ET DÉVELOPPEMENT D'UN ESCALIER QUI REVIENT SUR SON ENMARCHEMENT

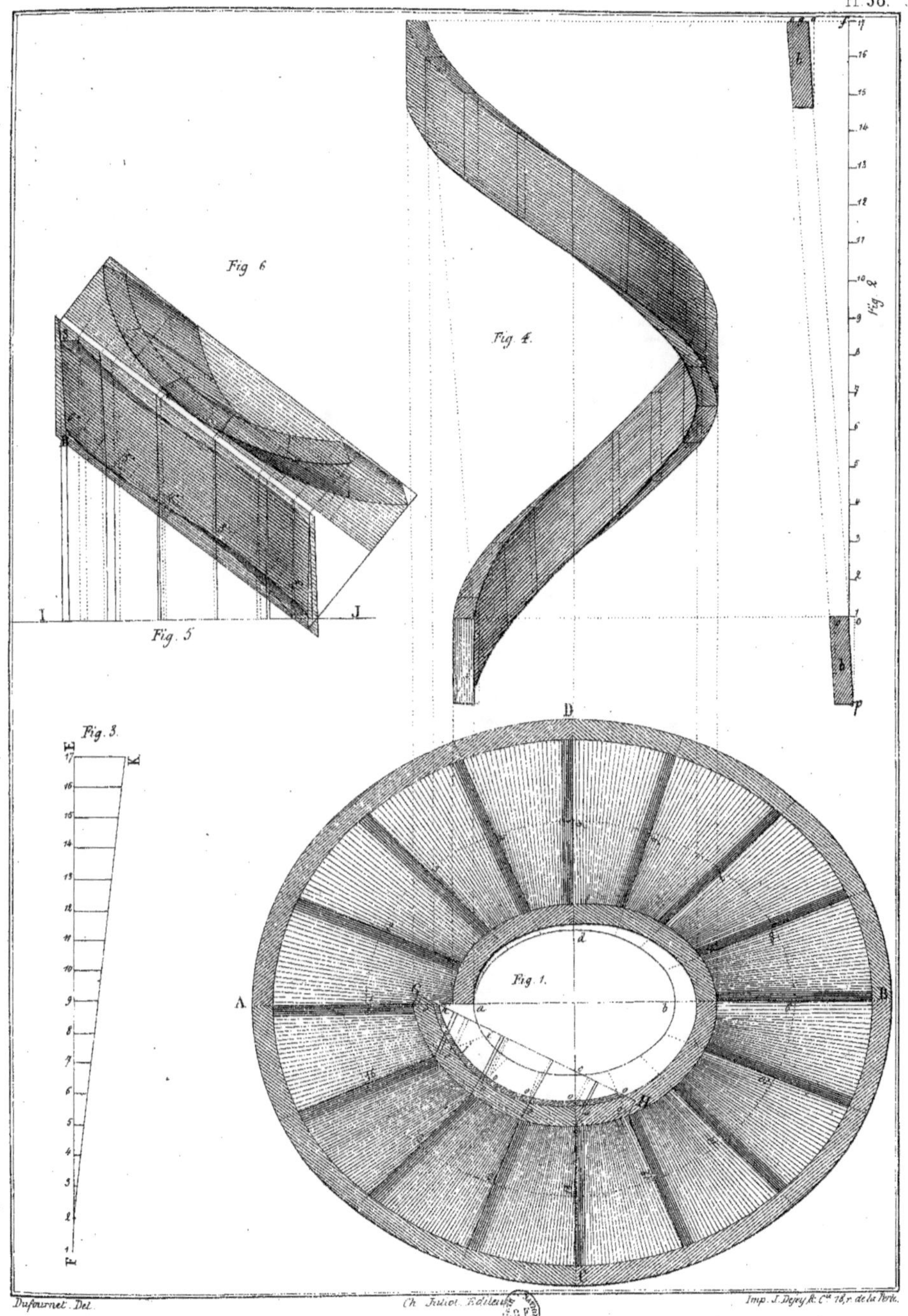

Dufournet. Del.

Ch. Juliot. Editeur

Imp. J. Dejey & Cie 76, r. de la Porte.

ESCALIER CÔNIQUE SUR UN PLAN OVALE OU ELLIPTIQUE

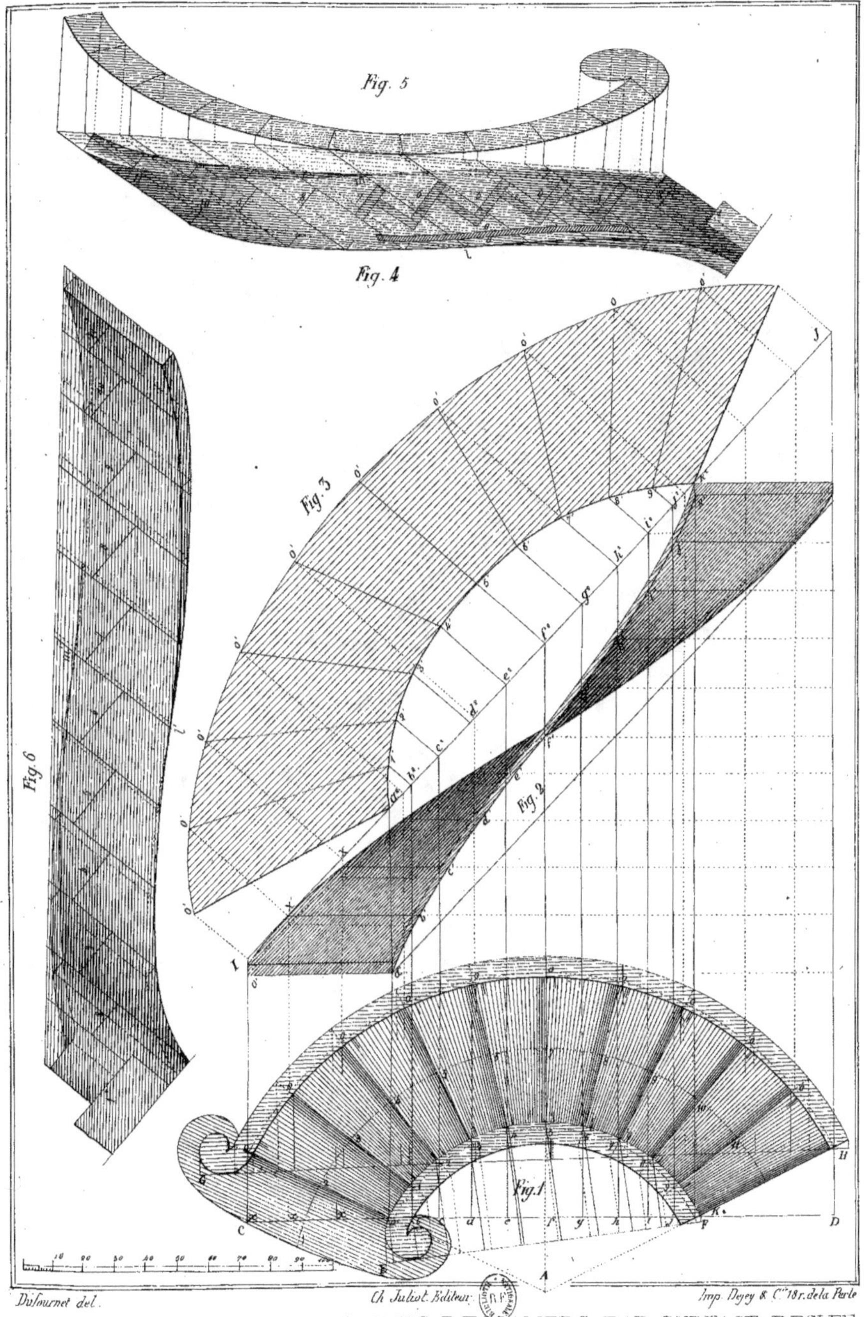

MANIÈRE DE TRACER LES PLAFONDS D'ESCALIERS PAR SURFACE RÉGLÉE

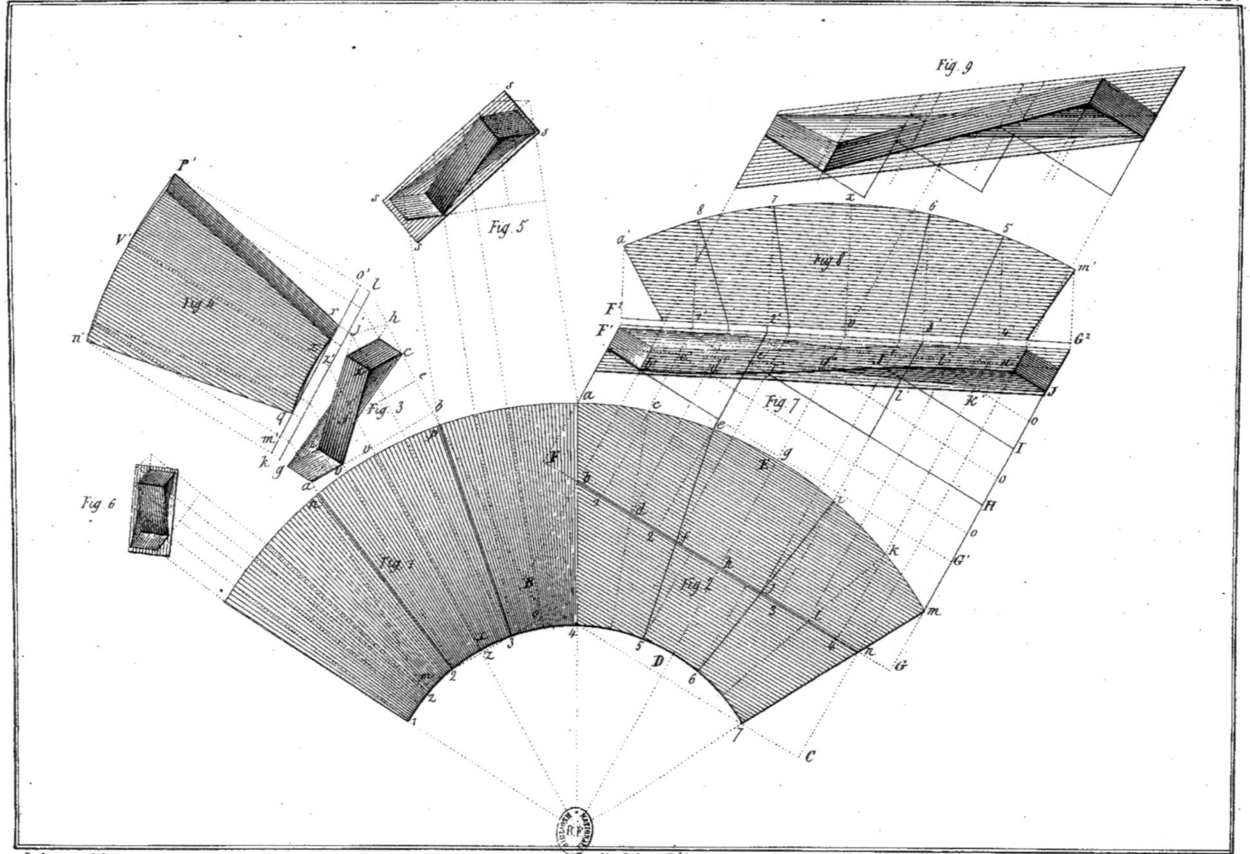

Dufournel del.

Ch. Juliot, Éditeur

Imp. J. Dejey et Cie 11, r. de la Perle

MANIÈRE DE CONSTRUIRE LES PLAFONDS, RAMPANTS ET DE COLLER LES JOINTS

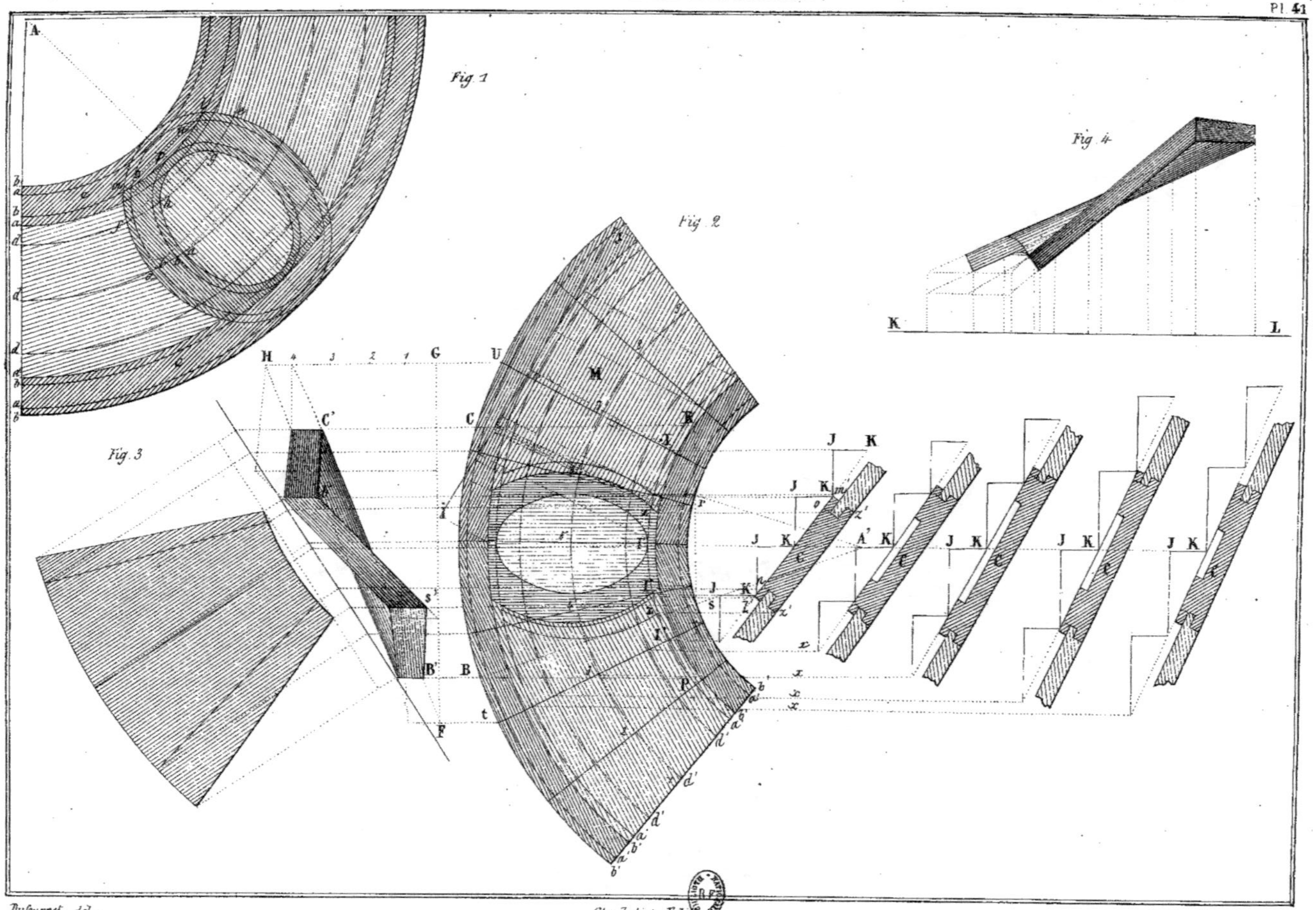

Dufournet del.   Ch. Juliot, Editeur   Imp. J. Dejey & Cie 18 r. de la Perle

MANIÈRE DE CONSTRUIRE LES RONDS ET LES OVALES DANS LES PLAFONDS RAMPANTS

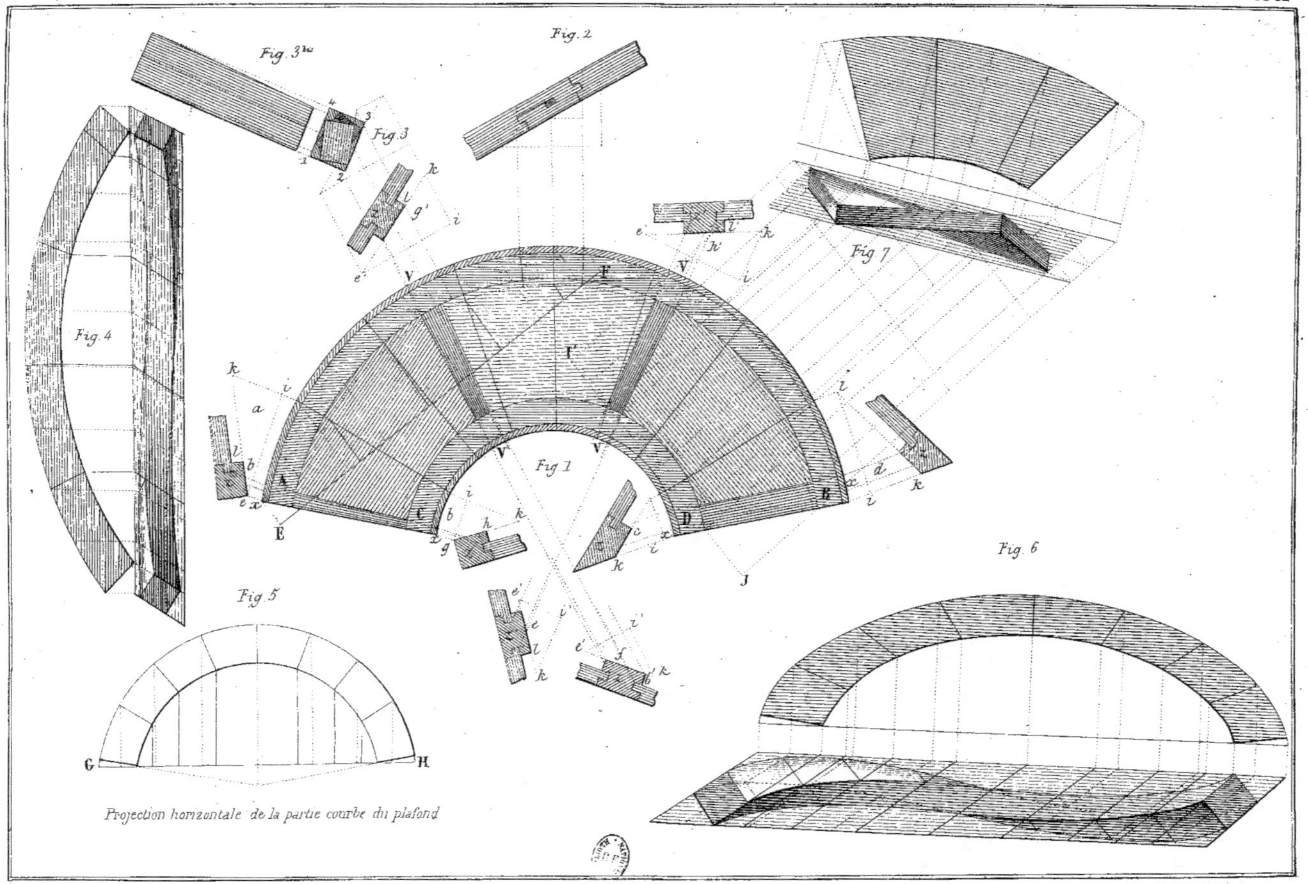

Projection horizontale de la partie courbe du plafond

Dufournet del
Ch Juliot Editeur
Imp J. Dejey & Cie 18 r de la Perle

MANIÈRE DE FAIRE LE COMPARTIMENT DES PLAFONDS RAMPANTS

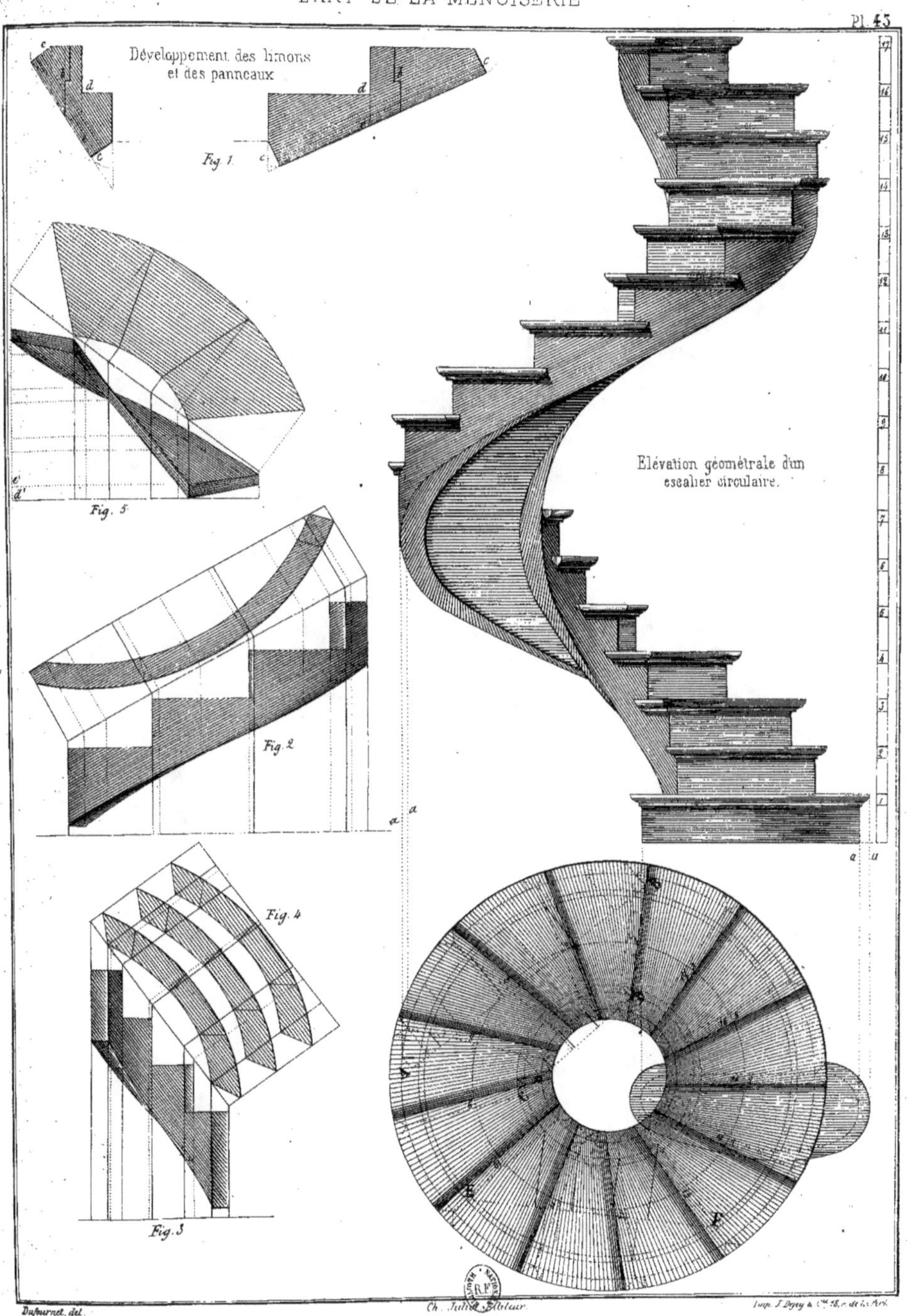

PLAN, COUPE ET ÉLÉVATION GÉOMÉTRALE D'UN ESCALIER CIRCULAIRE.

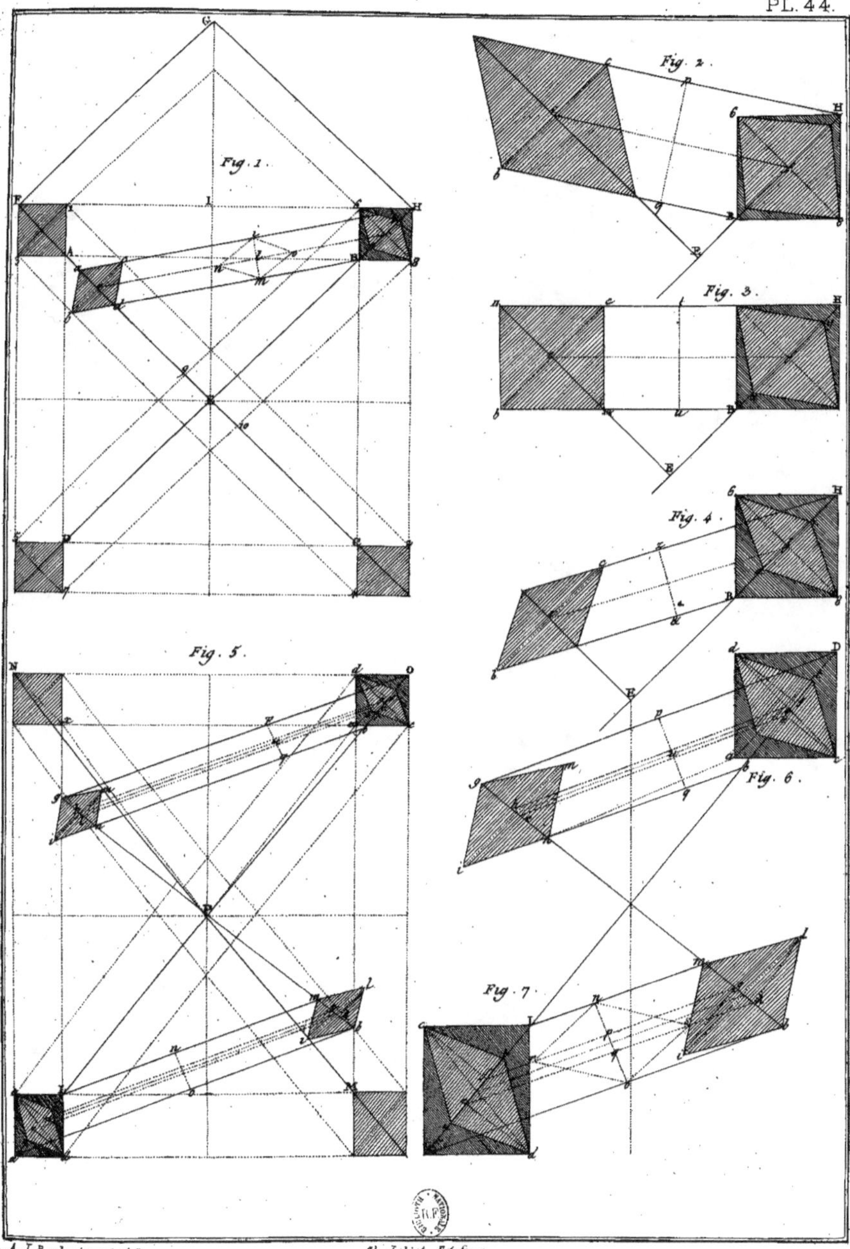

MANIERE DE DETERMINER LA PROJECTION DES LIGNES DROITES.

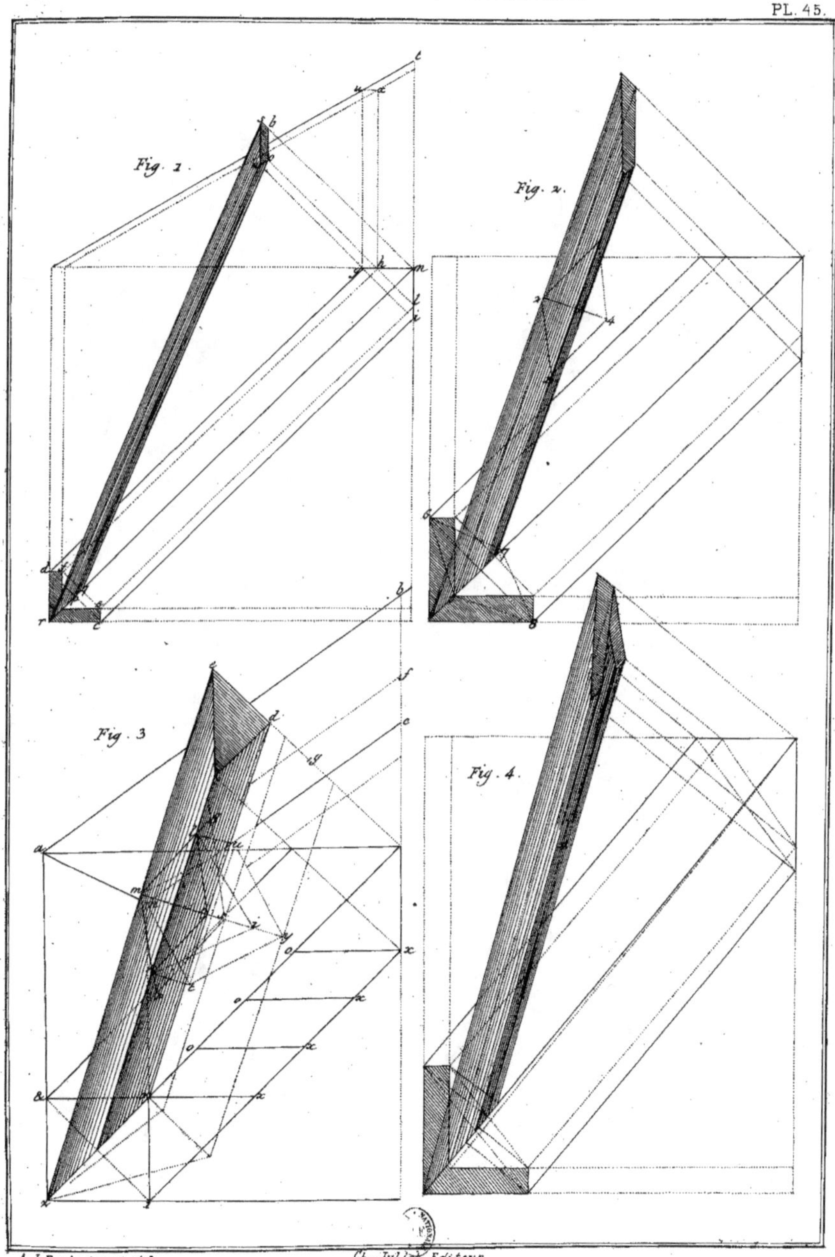

DEVELOPPEMENT DES ARETIERS ET LA MANIERE D EN TROUVER
TOUTES LES COUPES.

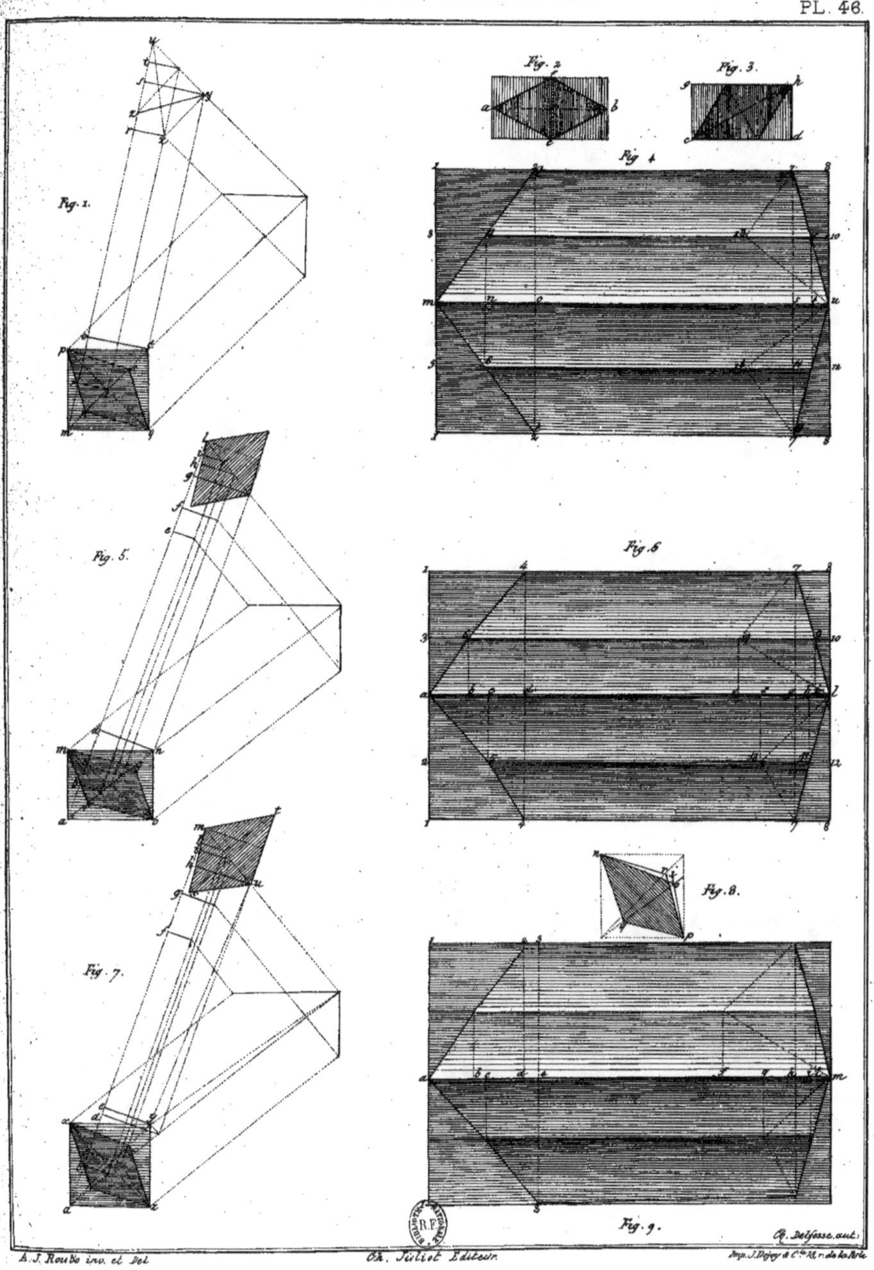

A. J. Roubo inv. et Del.

Ch. Juliot Editeur.

Imp. J. Dejey & C.ᵉ 18, r. de la Pitié

Ch. Delfosse sc.

MANIERE DE TRACER LA PENTE DES ARETIERS.
ET LE DEVELOPPEMENT DE LEURS SURFACES.

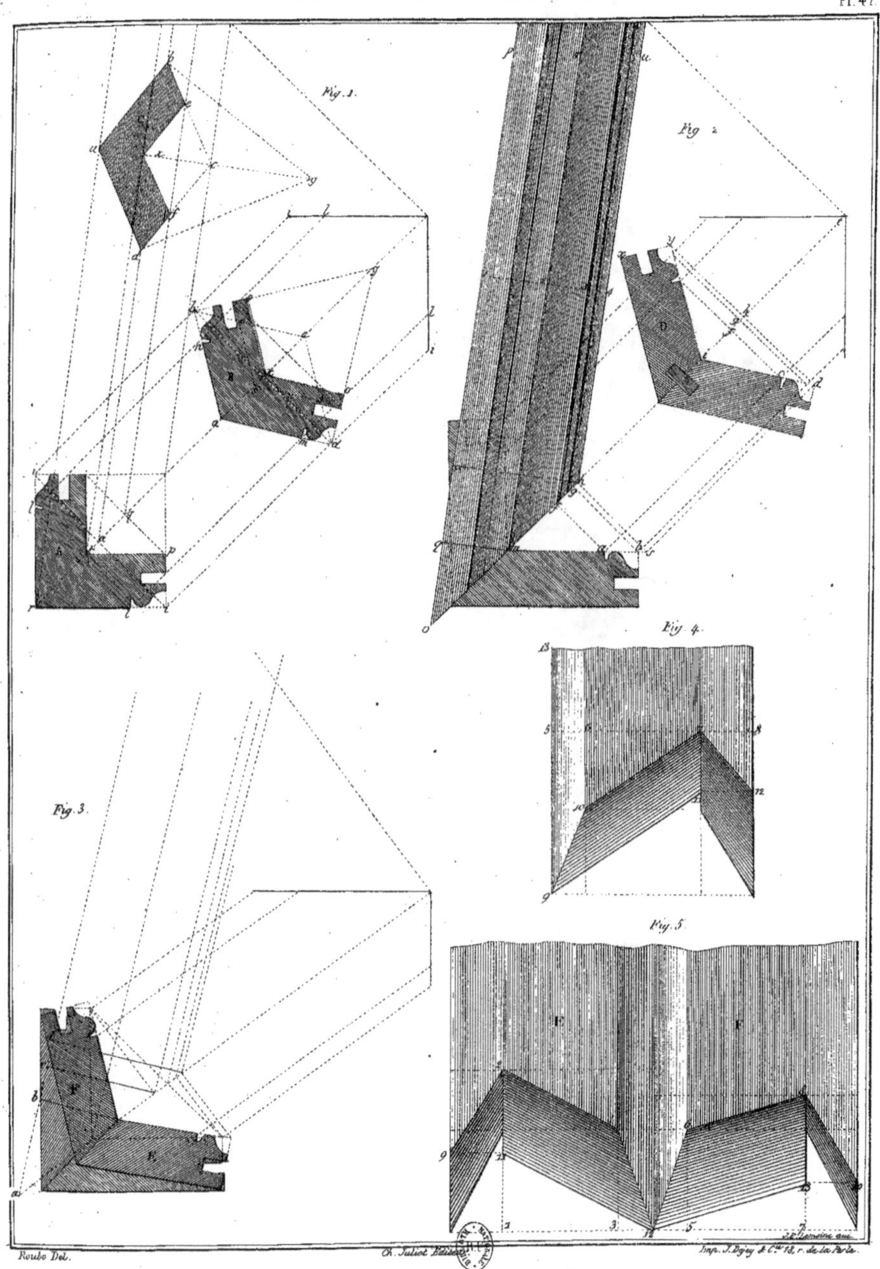

DÉVELOPPEMENTS DES ARRÊTIERS ORNÉS DE MOULURES.

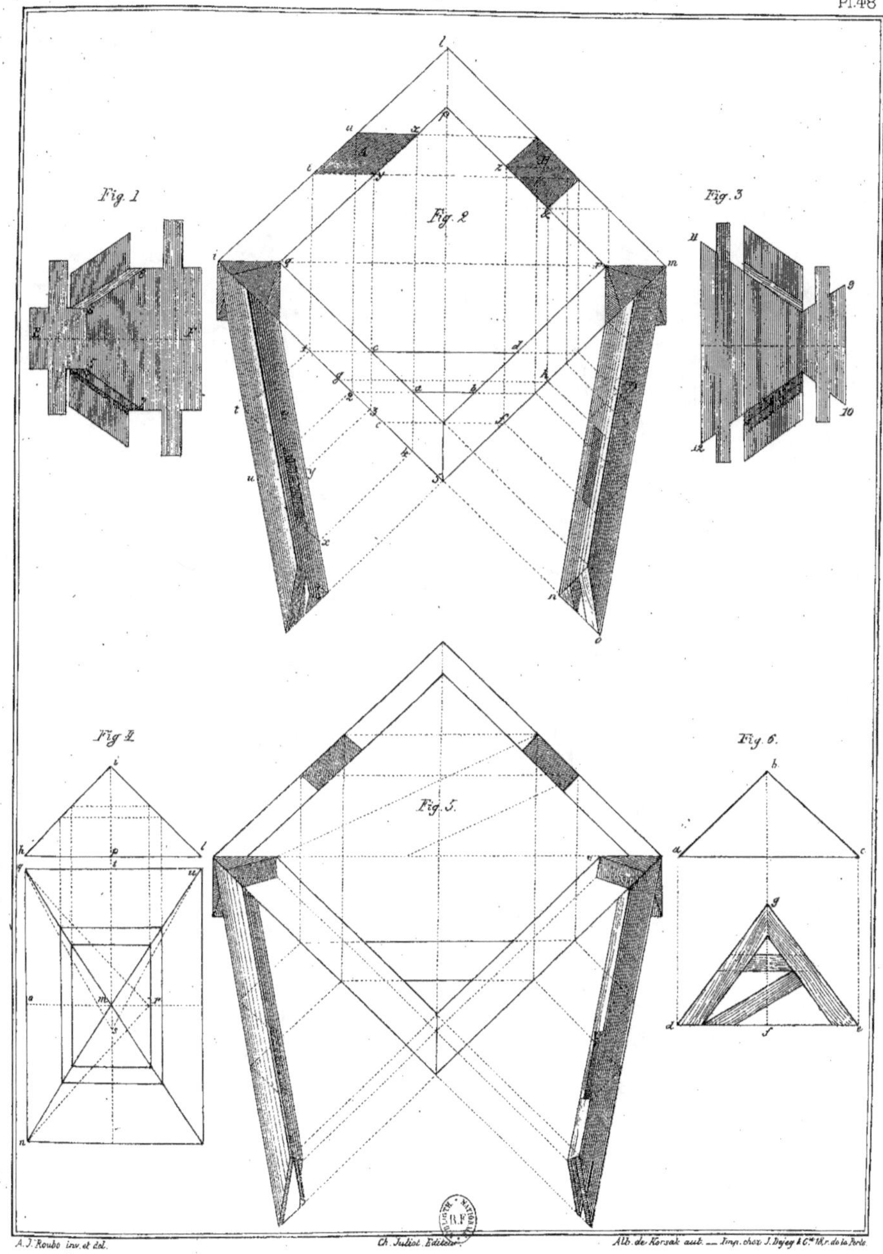

MANIÈRE DE TRACER LES ASSEMBLAGES DES ARÊTIERS.

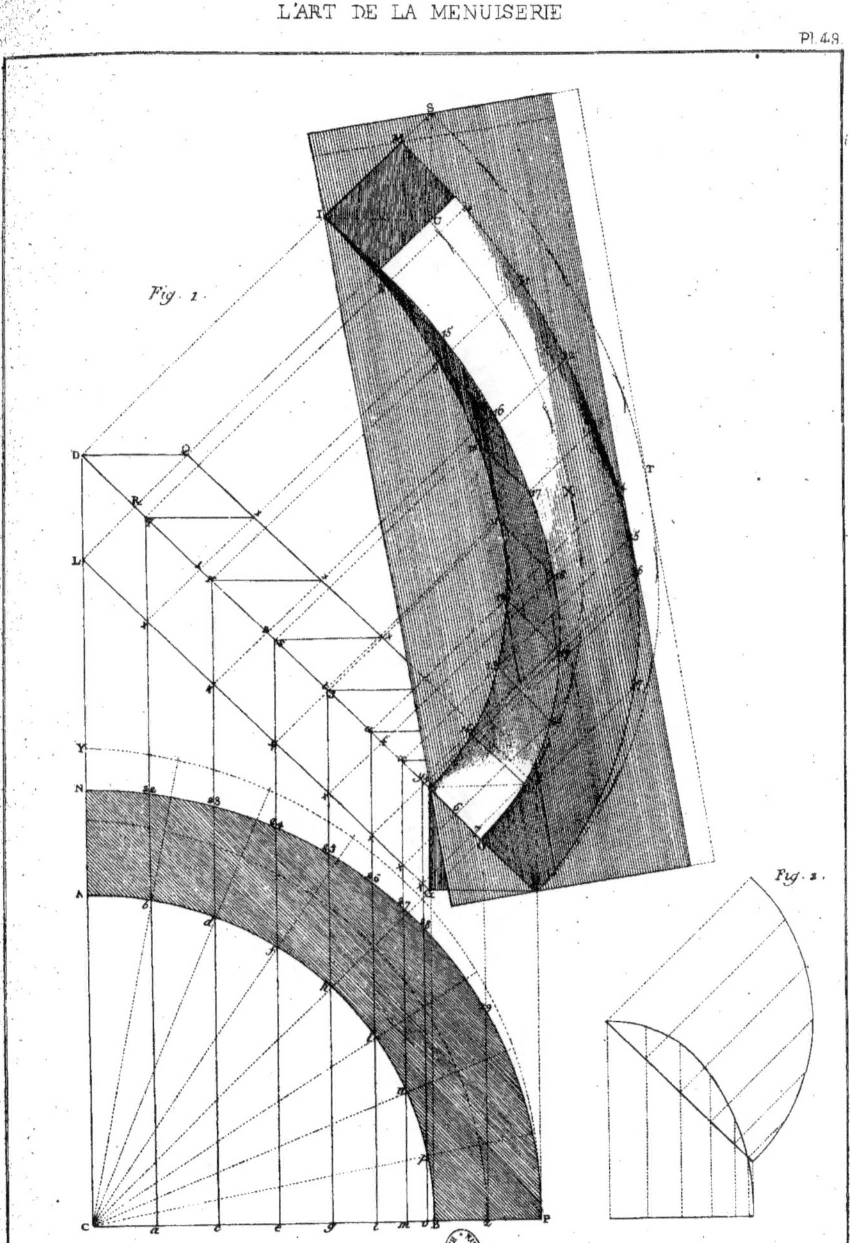

DÉVELOPPEMENT DES ARÊTIERS D'UNE FORME CIRCULAIRE SUR L'ÉLÉVATION

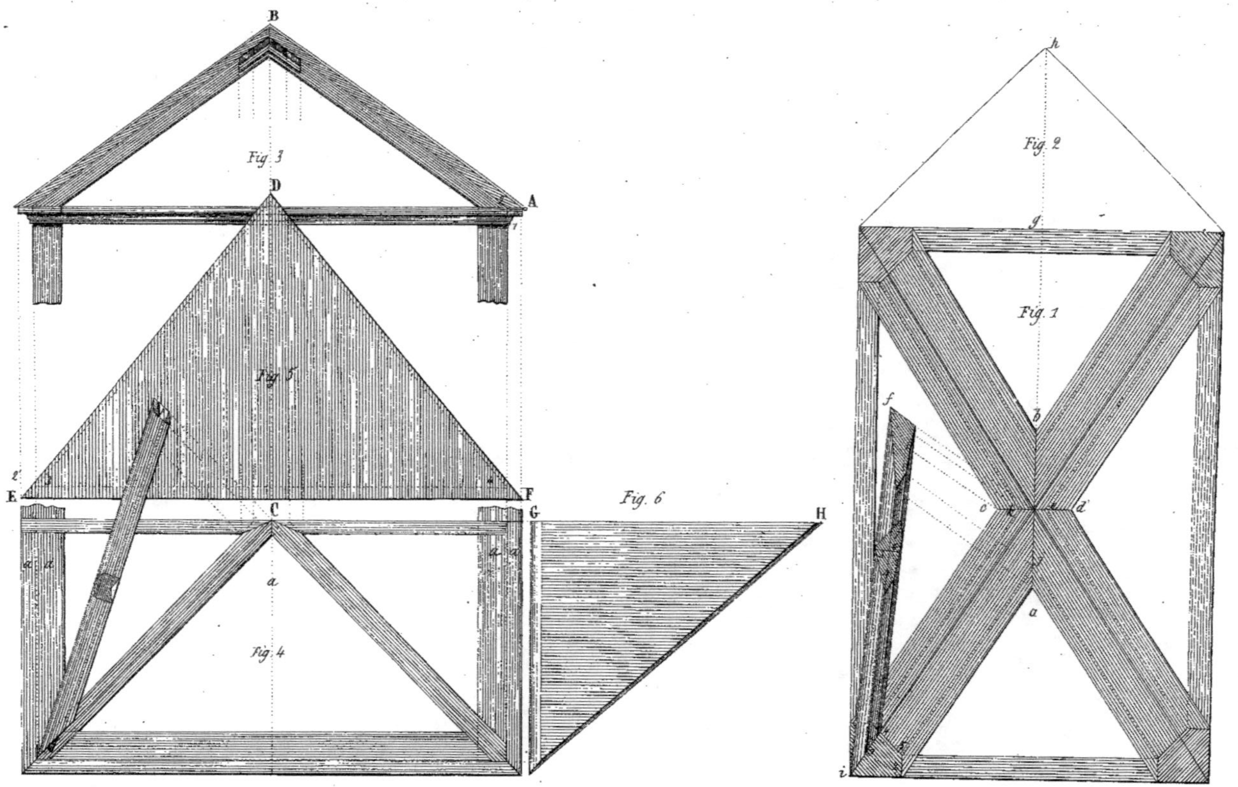

Dufournet del.

Ch. Juliot. Éditeur.

Imp. J. Dejey & Cie 14, r. de la Perle

MANIÈRE DE CONSTRUIRE LES ARÊTIERS DROITS ET LE DÉVELOPPEMENT DES PANNEAUX PYRAMIDAUX OU D'ARÊTES

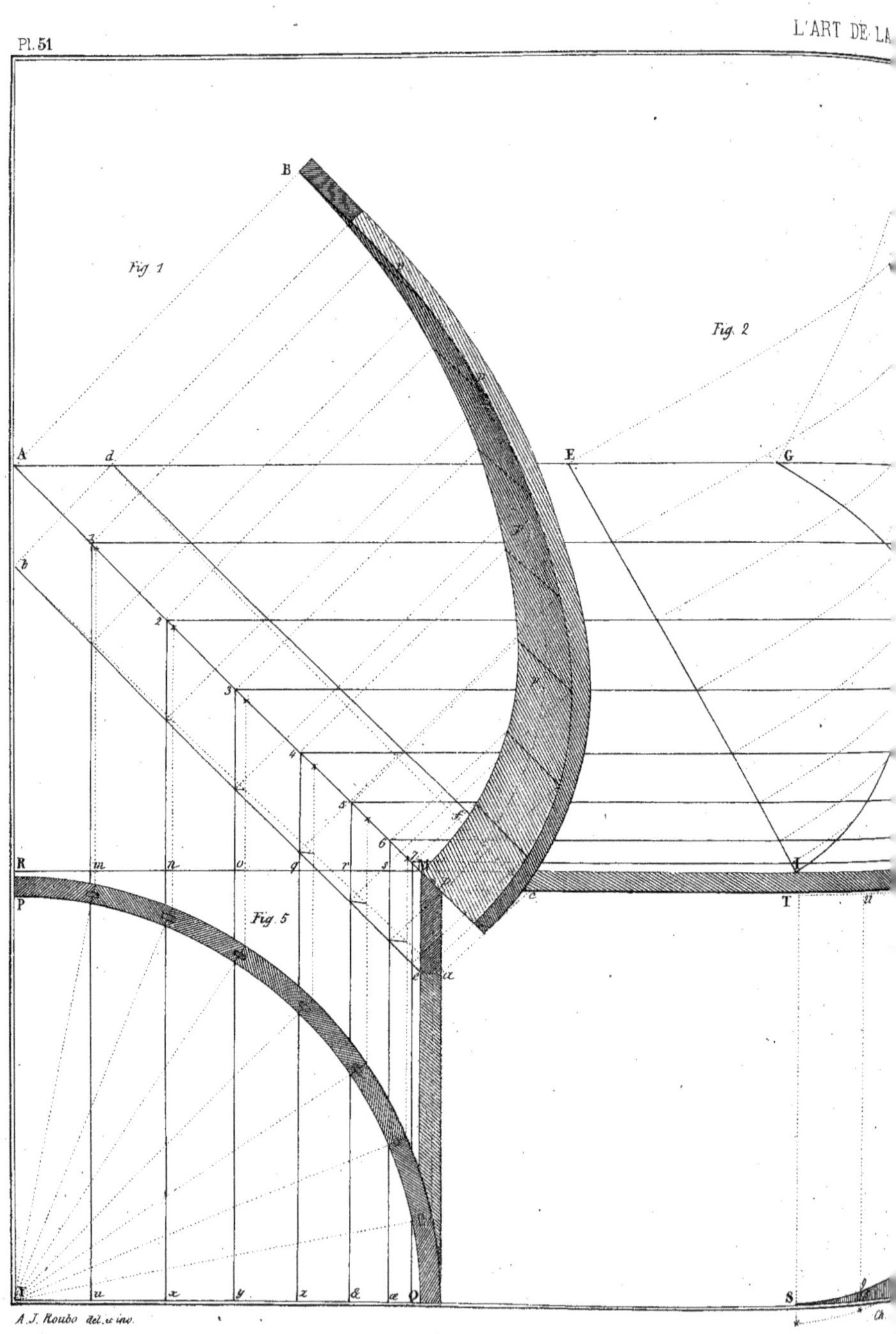

A. J. Roubo del. et inv.

DÉVELOPPEMENT DE DEUX ARÉTIERS ÉVIDÉS. L'UN EN ANGLE SAILLANT ET L'A

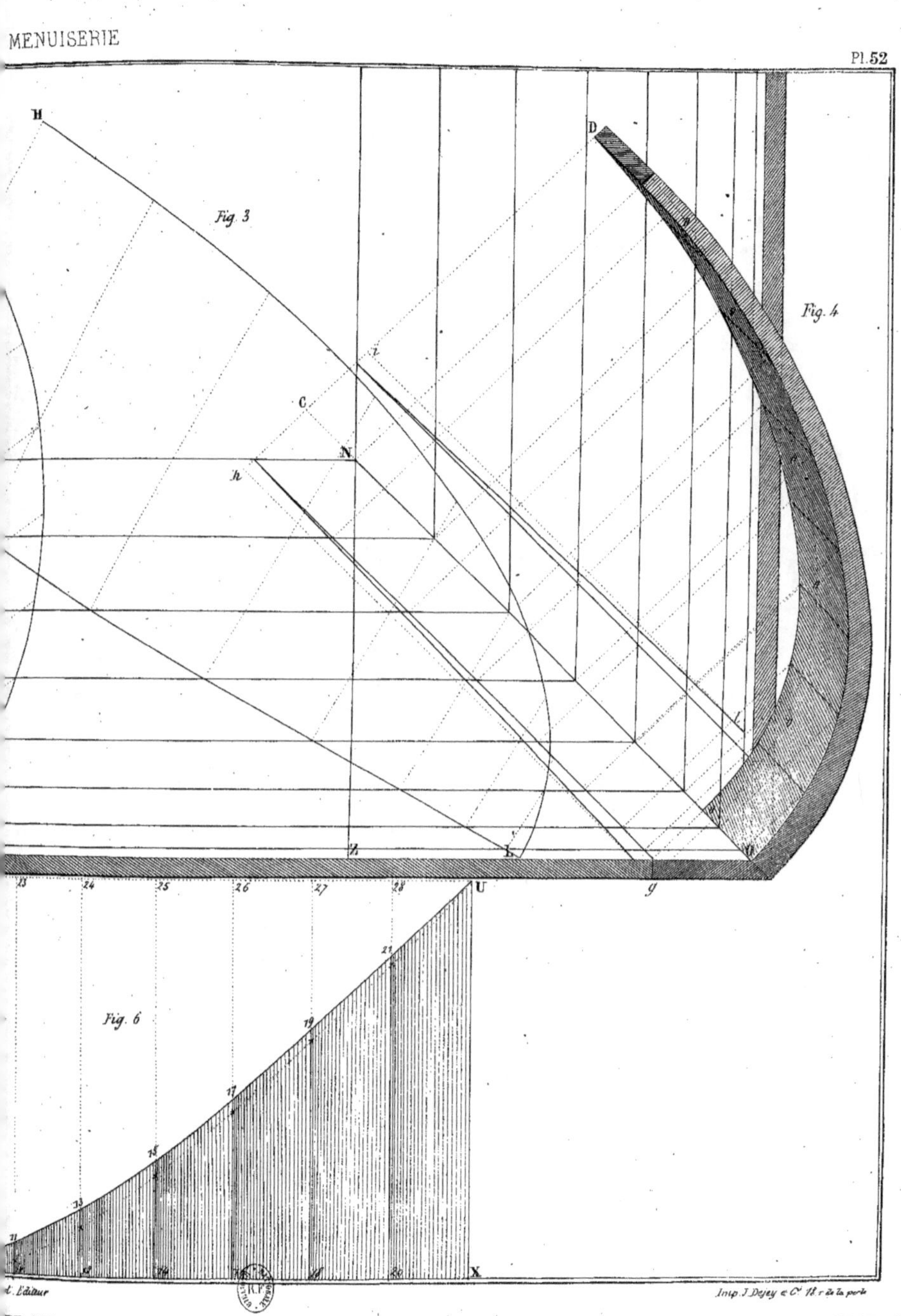

RE EN ANGLE RENTRANT AVEC LE DÉVELOPPEMENT DE LA PROJECTION DES PANNEAUX.

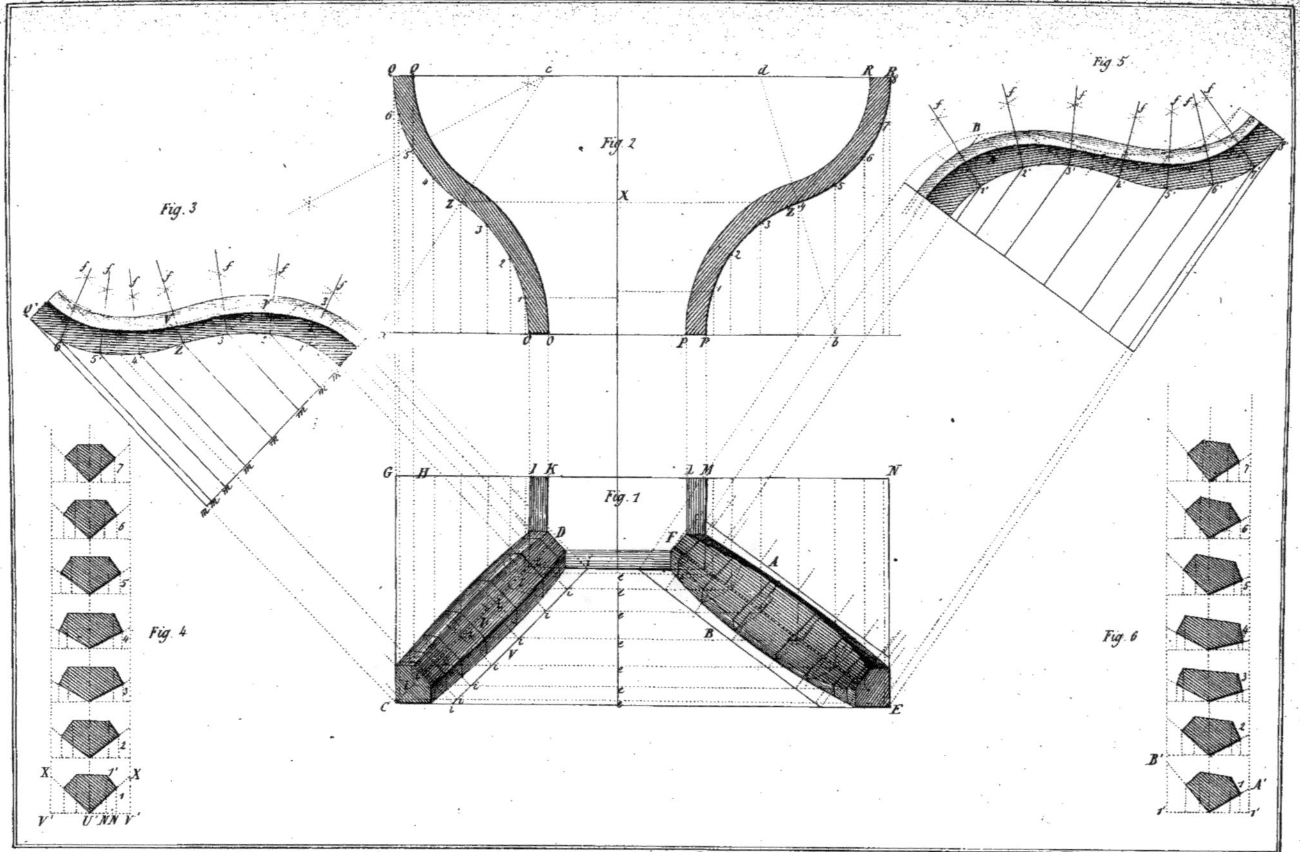
Fig. 1
Fig. 2
Fig. 3
Fig. 4
Fig. 5
Fig. 6

Dufournet. del.
Ch. Juliot. Editeur.
Imp. J. Bejey & Cie 11 r. de la Perle

MANIÈRE DE TRACER LES ARÊTIERS CINTRÉS RÉGULIERS ET IRRÉGULIERS

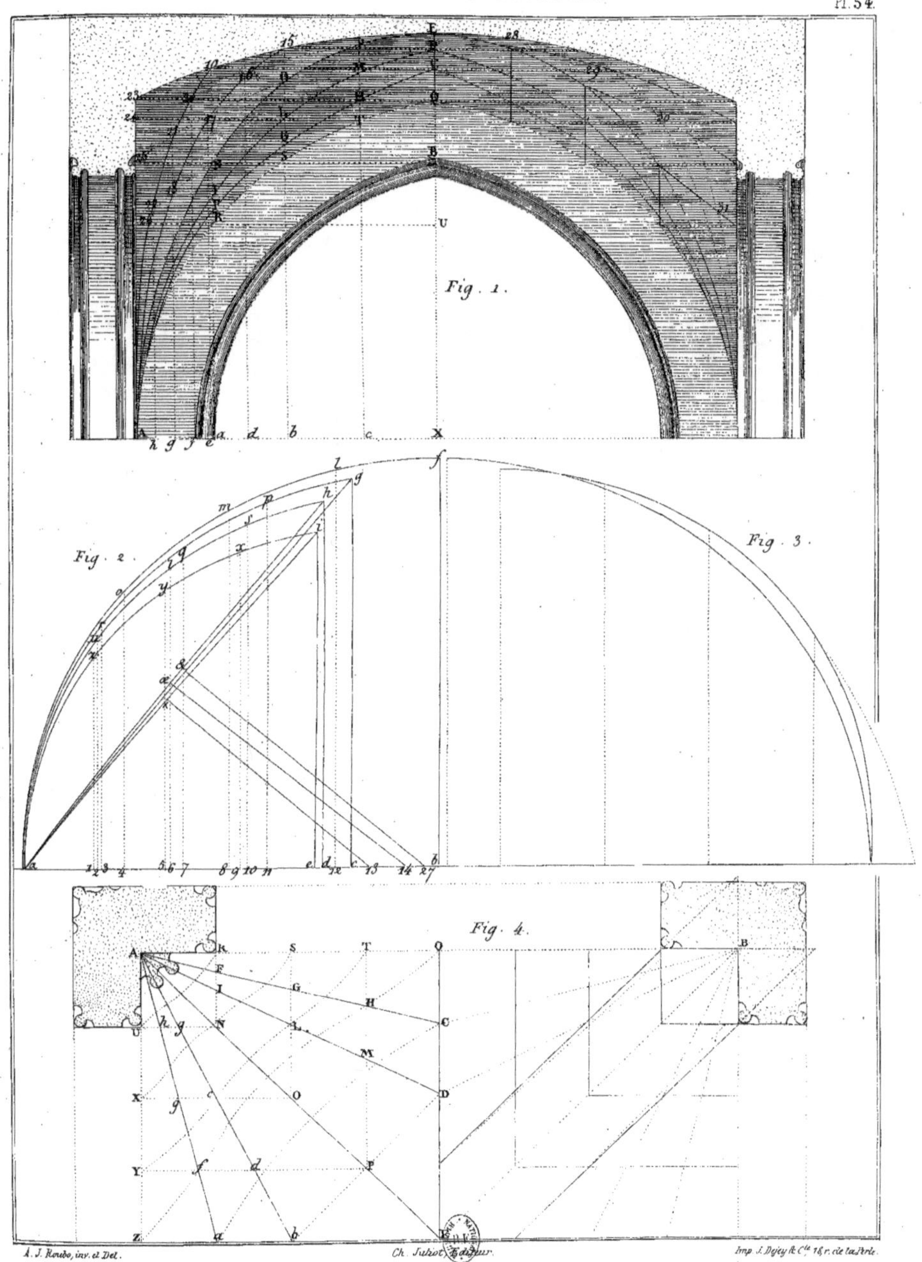

DÉVELOPPEMENT DES VOÛTES OGIVES.

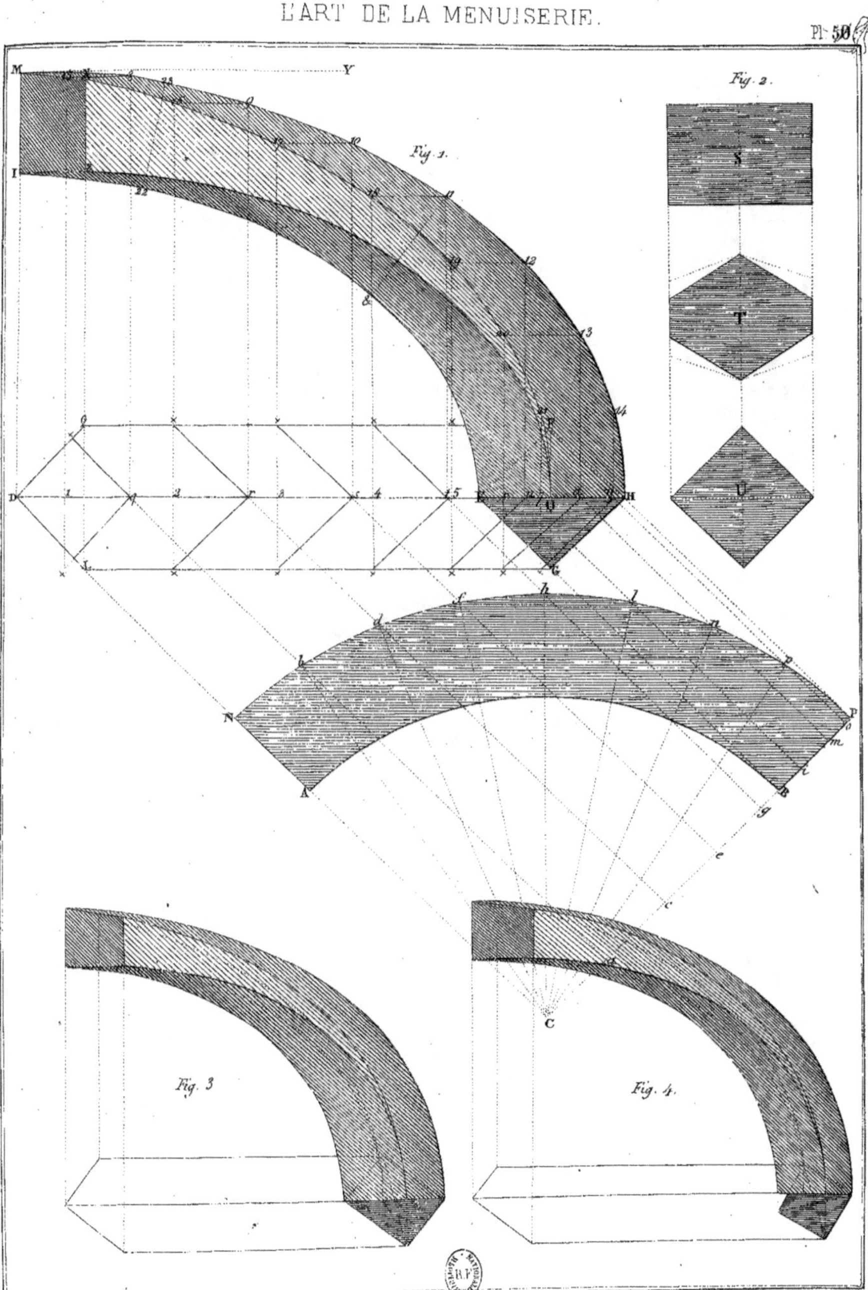

MANIÈRE DE FAIRE LES ARÉTIERS COURBES D'ÉQUERRE SUR LEURS FACES EXTÉRᴿᴱˢ

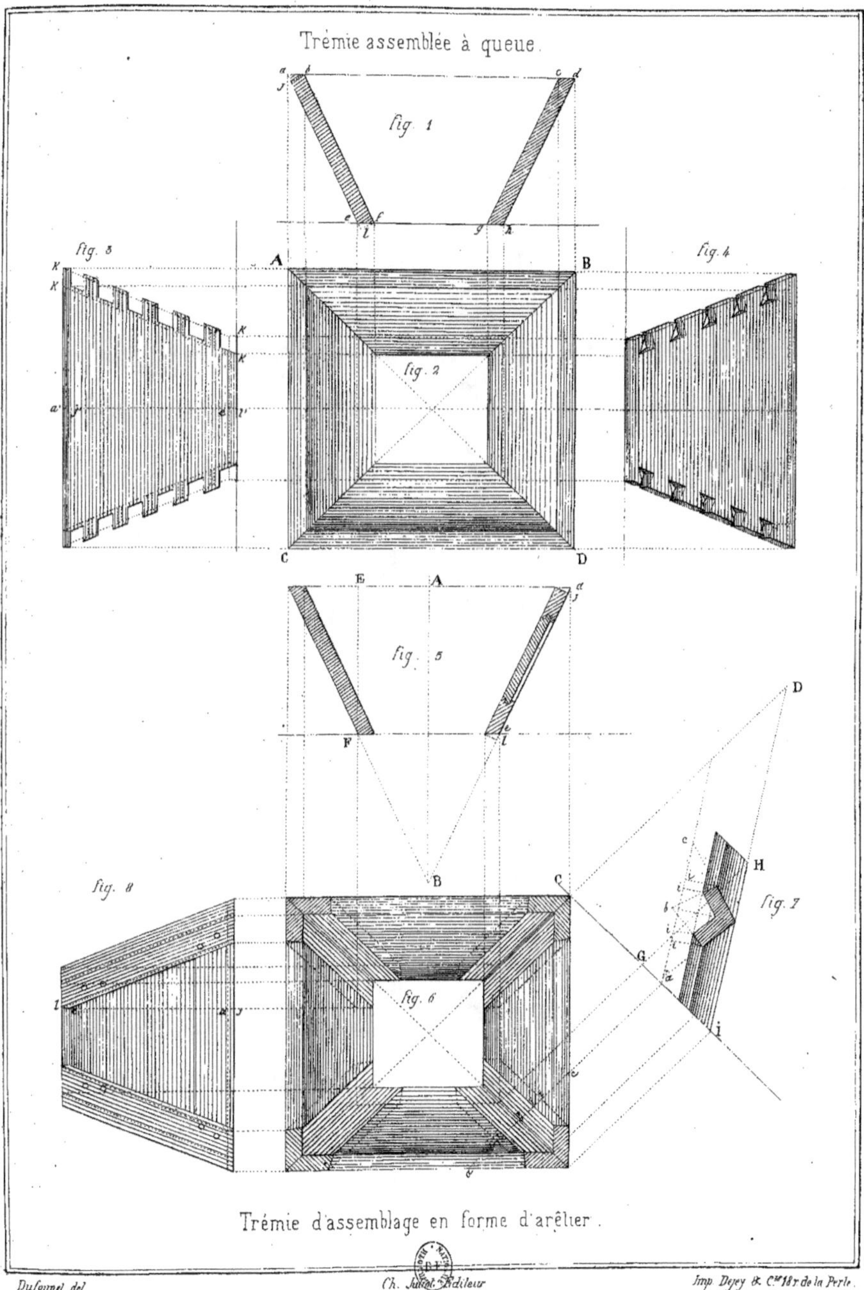

Dufournet del.   Ch. Juliot Éditeur   Imp. Dejey & Cie 18 r. de la Perle.

TREMIE ASSEMBLÉE A QUEUE ET EN FORME D'ARÊTIER

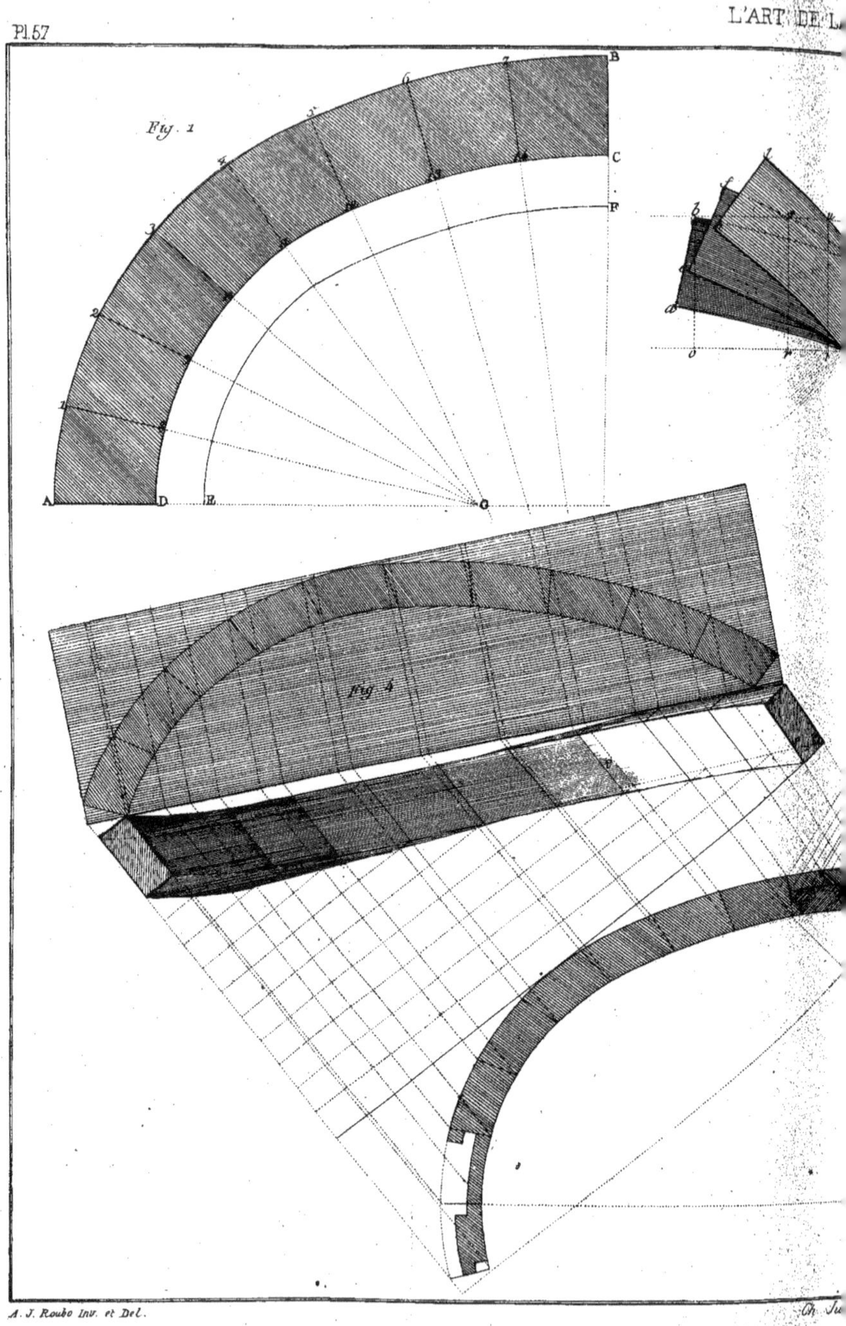

COURBE RAMPANTE SUR UN PLAN ELLIPT

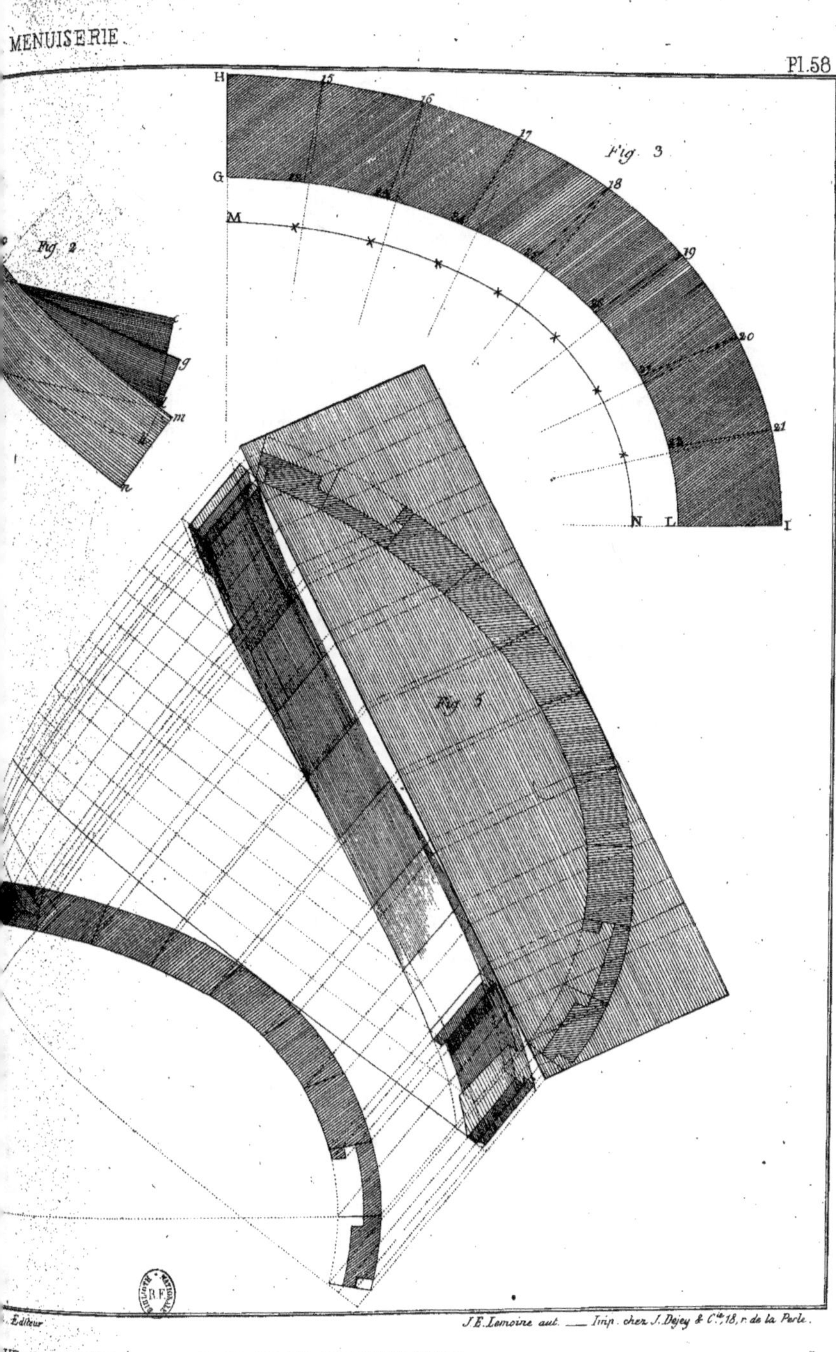

Éditeur

UE AVEC SES DÉVELOPPEMENTS ET ASSEMBLAGES.

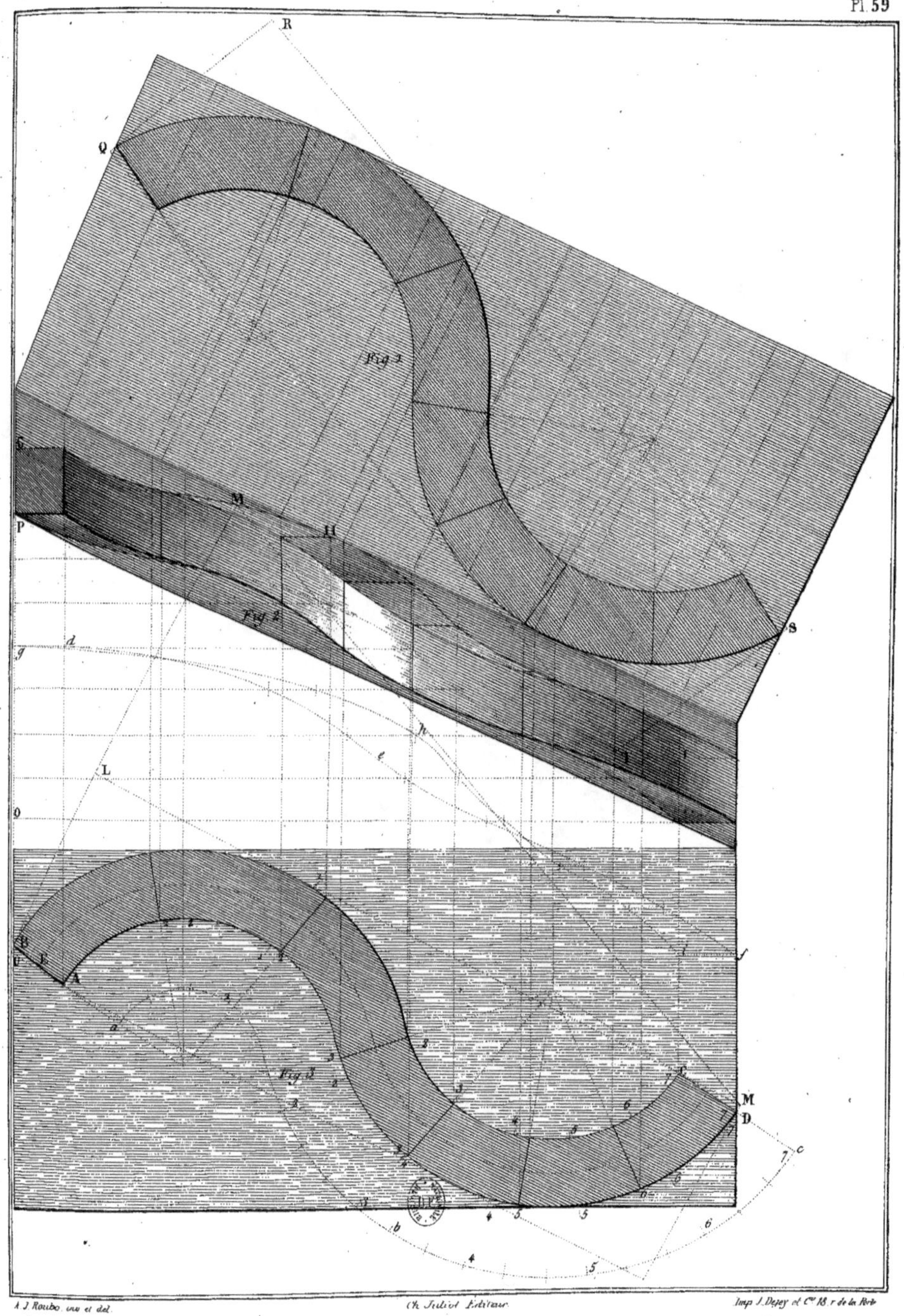

A. J. Roubo, inv. et del.

Ch. Juliot, Éditeur.

Imp. J. Dupey et Cie, 18, r. de la Hart.

MANIÈRE DE TRACER LES COURBES RAMPANTES SUR UN PLAN IRRÉGULIER

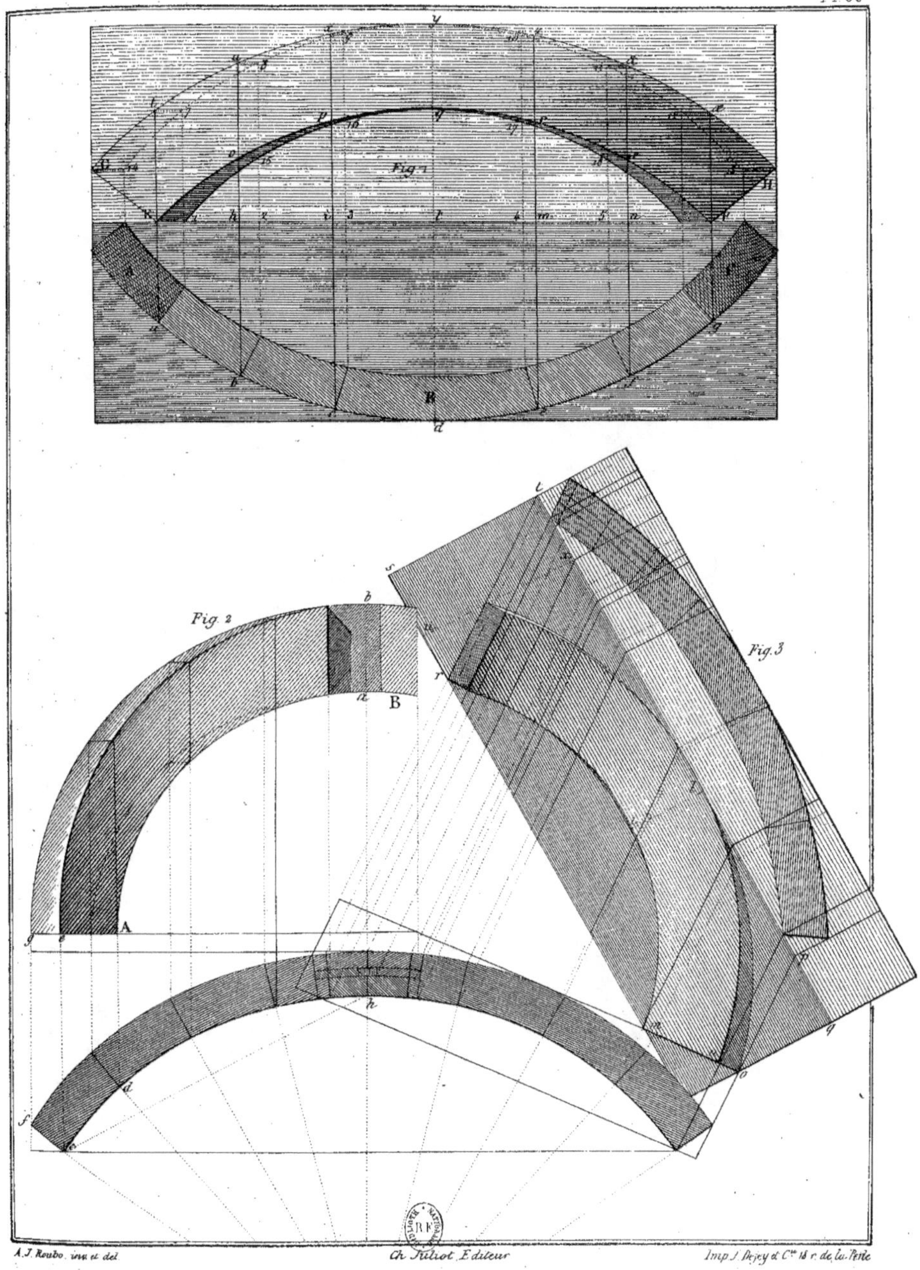

DÉVELOPPEMENT DES COURBES CINTRÉES EN PLAN ET EN ÉLÉVATION ET LA MANIÈRE
D'EN FAIRE LE CALIBRE RALLONGE

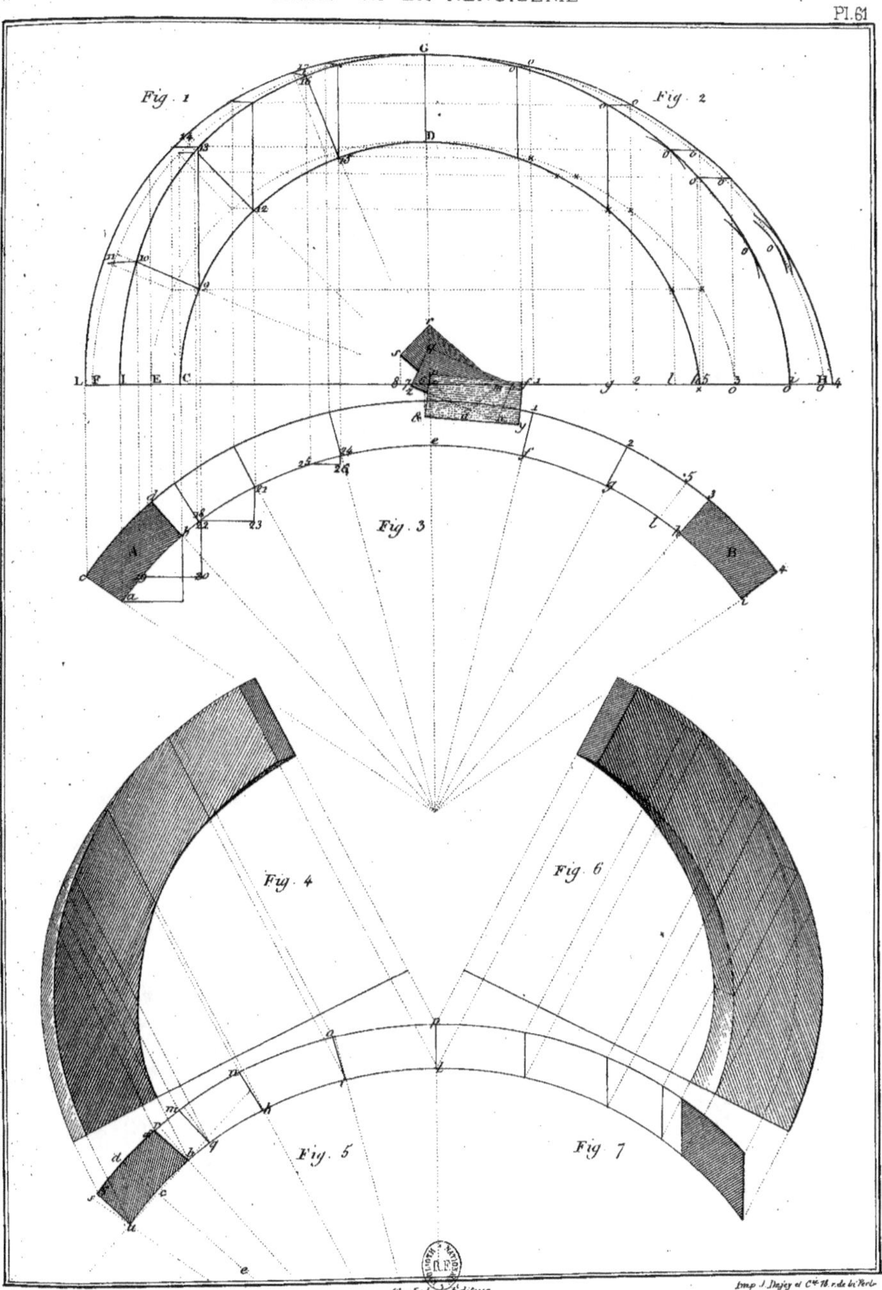

DIFFÉRENTES MANIÈRES DE METTRE D'ÉQUERRE ET DE LONGUEUR LES COURBES
CINTRÉES EN PLAN ET EN ÉLÉVATION

COURBE CINTRÉE EN PLAN ET EN ÉLÉVATION DONT LES ÉQUERRES SONT OBLIQUES A LA BASE DU PLAN.

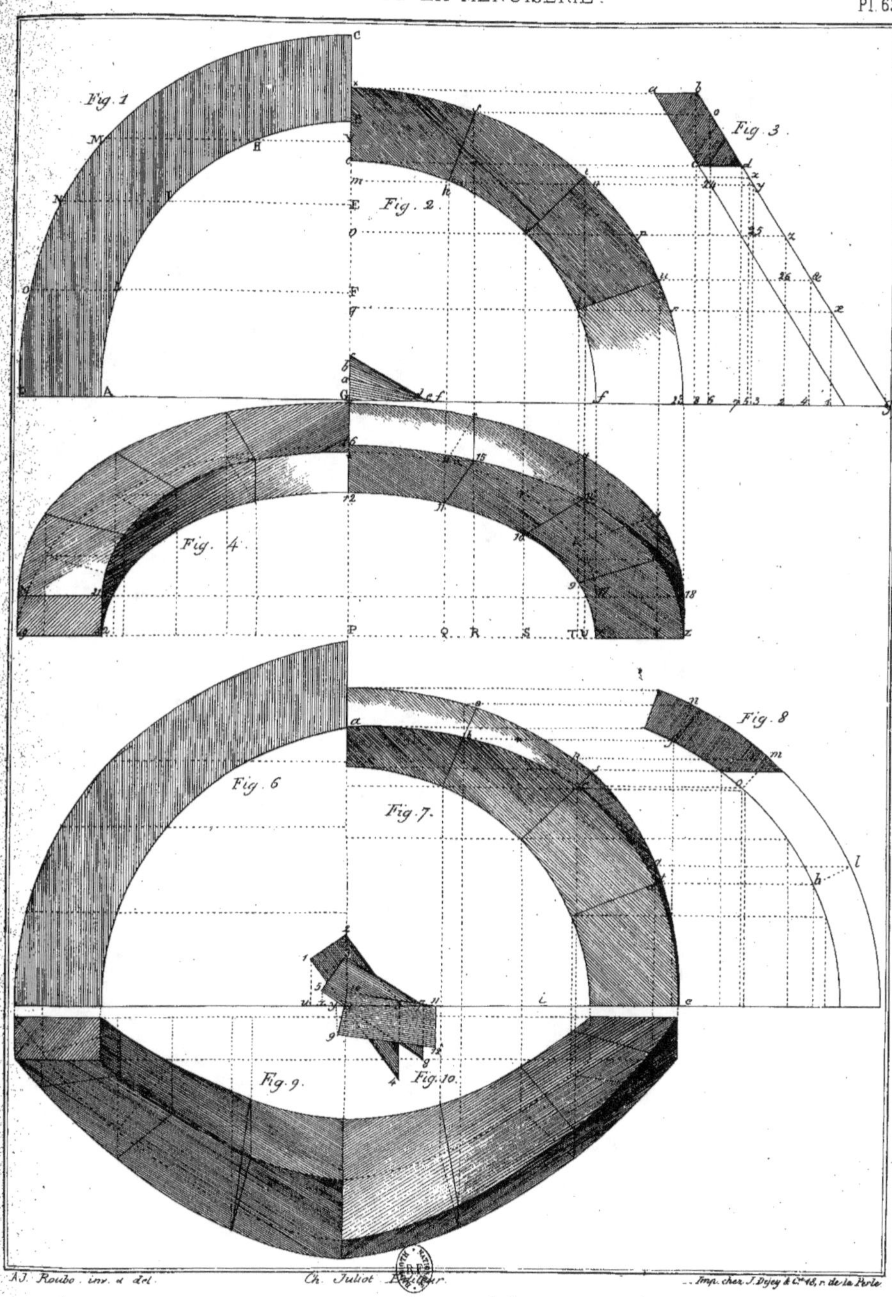

A.J. Roubo, inv. et del.   Ch. Juliot sculpt.   Imp. chez J. Dyey & Cie, 18, r. de la Perle

DÉVELOPPEMENTS DES COURBES CINTRÉES EN ÉLÉVATION ET SUR LA FACE VERTICALE.

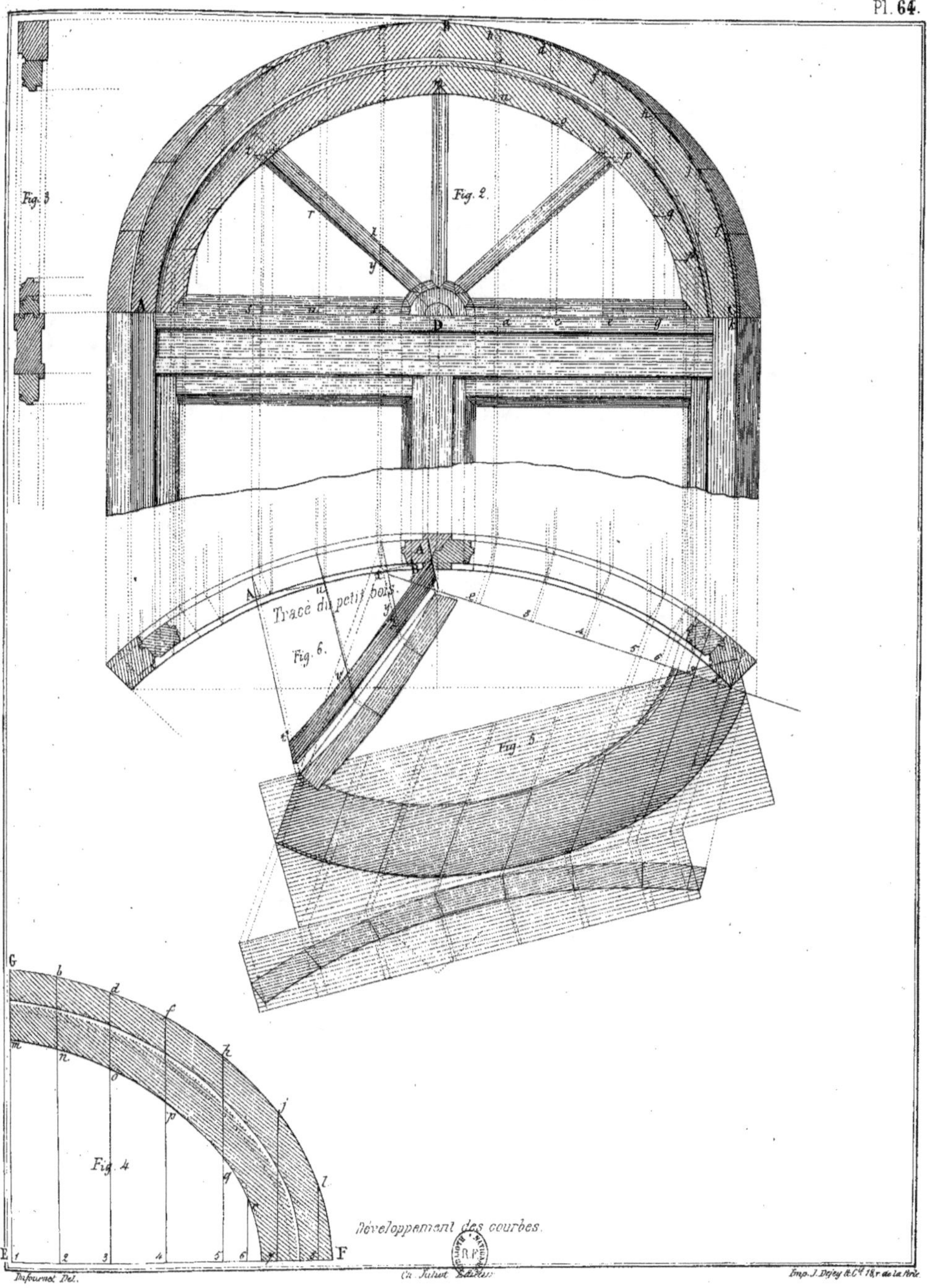

CROISÉE CINTRÉE EN PLAN ET EN ÉLÉVATION.

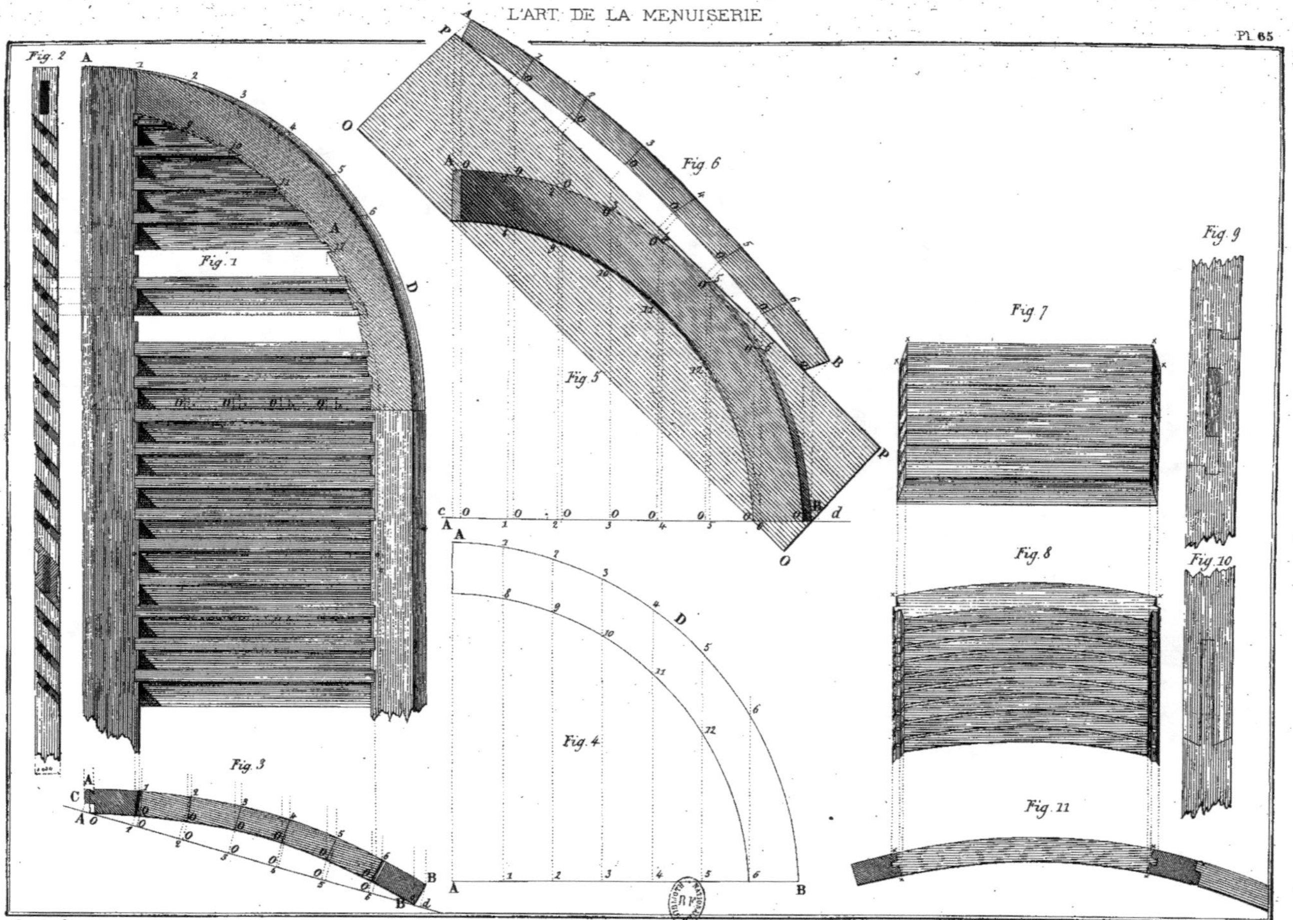

Jeannin frères del.

Ch. Juliot, Éditeur

Imp. J. Dejey et Cⁱᵉ 18 r. de la Perle

PERSIENNE CINTRÉE EN PLAN ET EN ÉLÉVATION

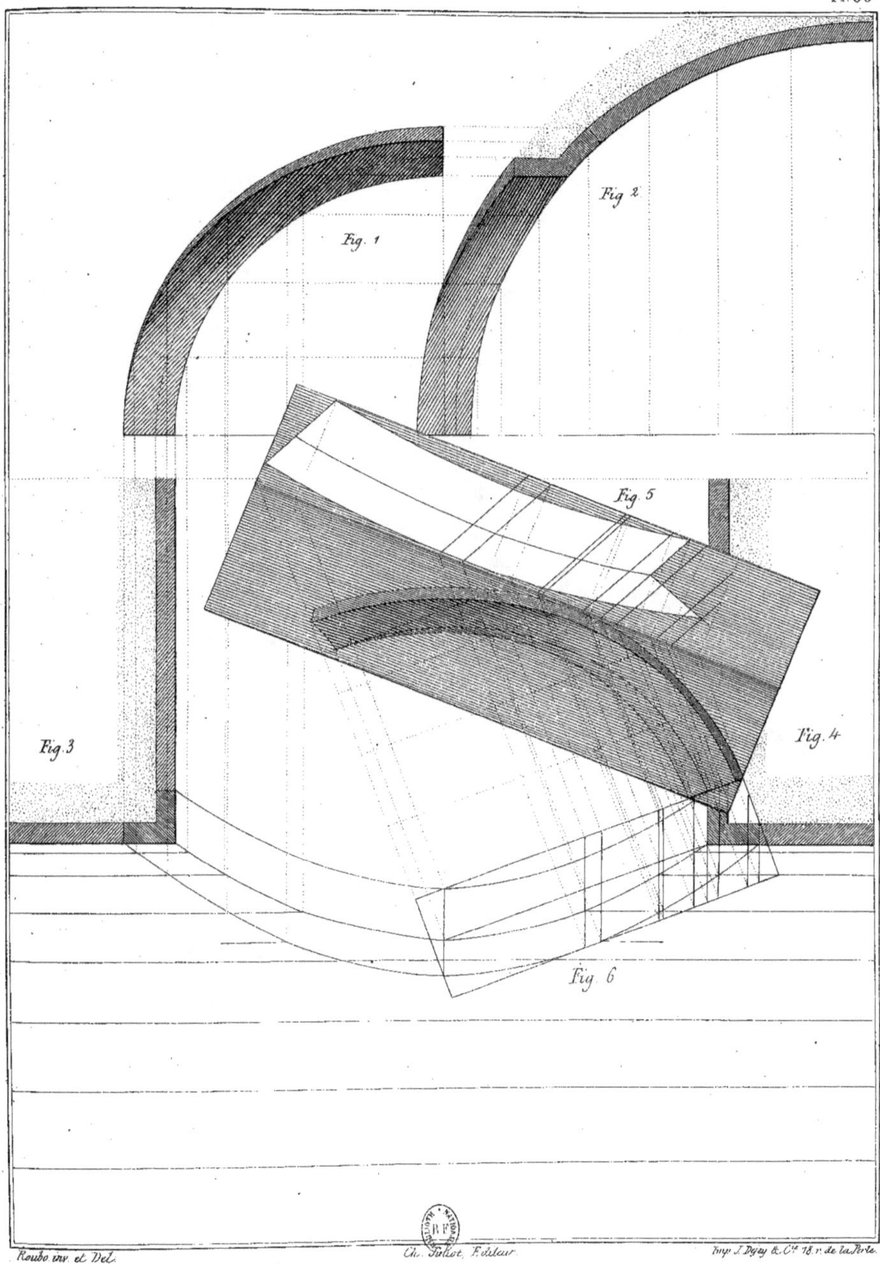

Roubo inv. et Del.　　　Ch. Juliot, Éditeur.　　　Imp. J. Dejey & Cie 18. r. de la Perte.

DÉVELOP.t D'UNE COURBE FORMANT LUNETTE DANS UNE VOÛTE A ANGLE DROIT.

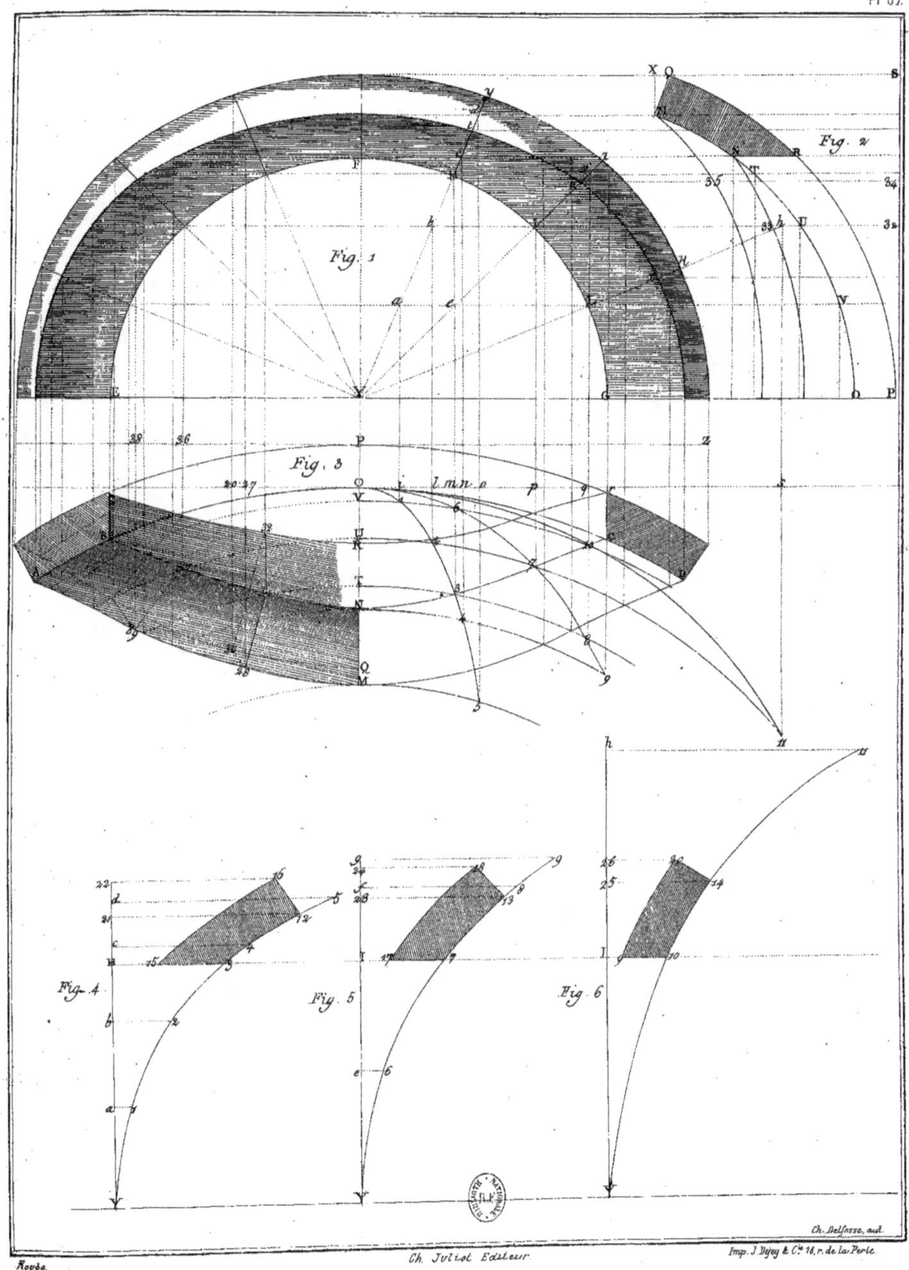

Roubo.

Ch. Juliot Editeur.

Ch. Delfosse, sul.

Imp. J. Dejey & Cie 18, r. de la Perle.

DÉVELOPPEMENT D'UNE COURBE CINTRÉE EN PLAN ET EN ÉLÉVATION ET SUR LA FACE VERTICALE.

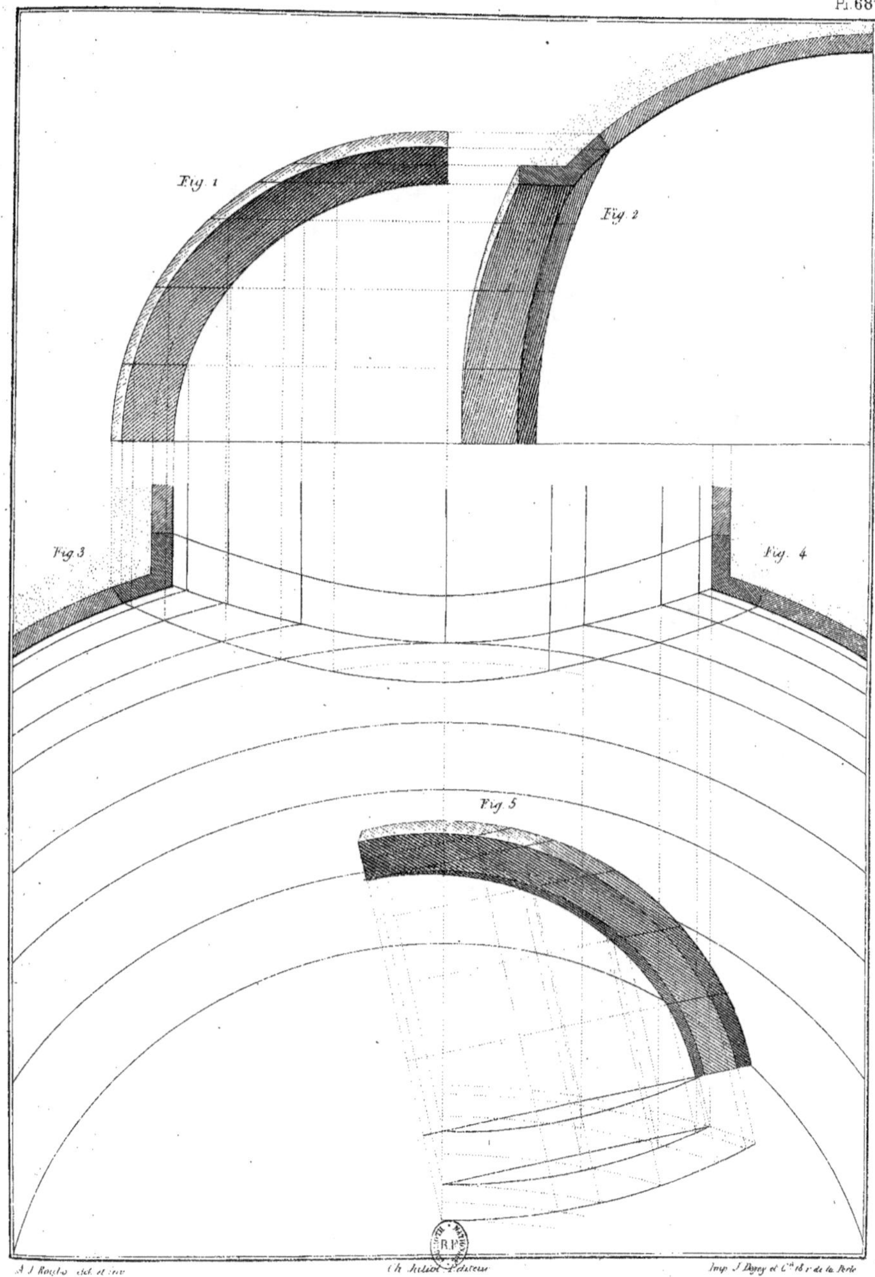

COURBE FORMANT LUNETTE DANS UNE VOÛTE SPHÉRIQUE

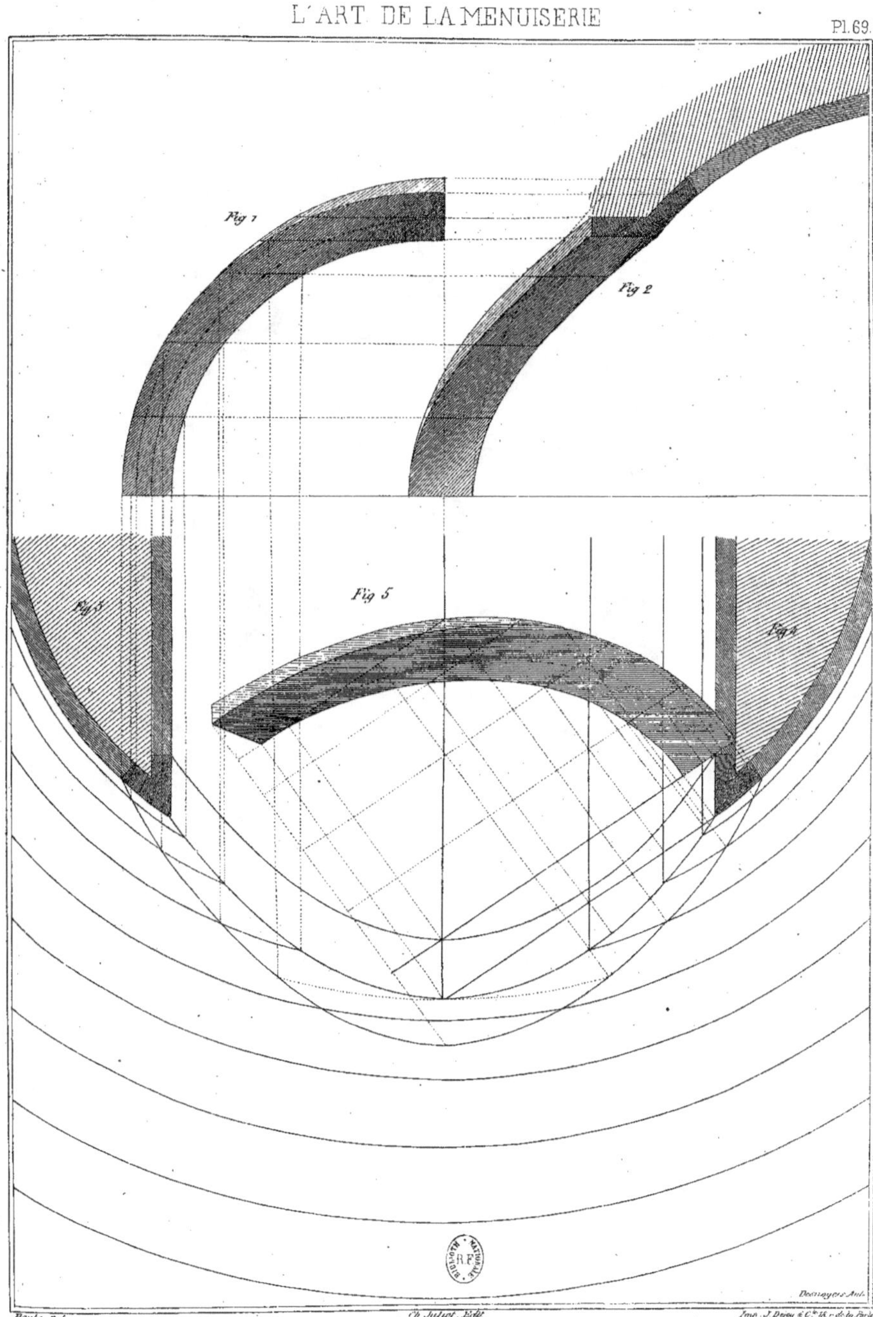

COURBE EN LUNETTE DANS UNE VOÛTE SUR UN PLAN BOMBÉ

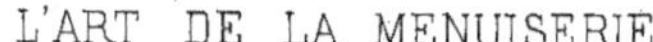

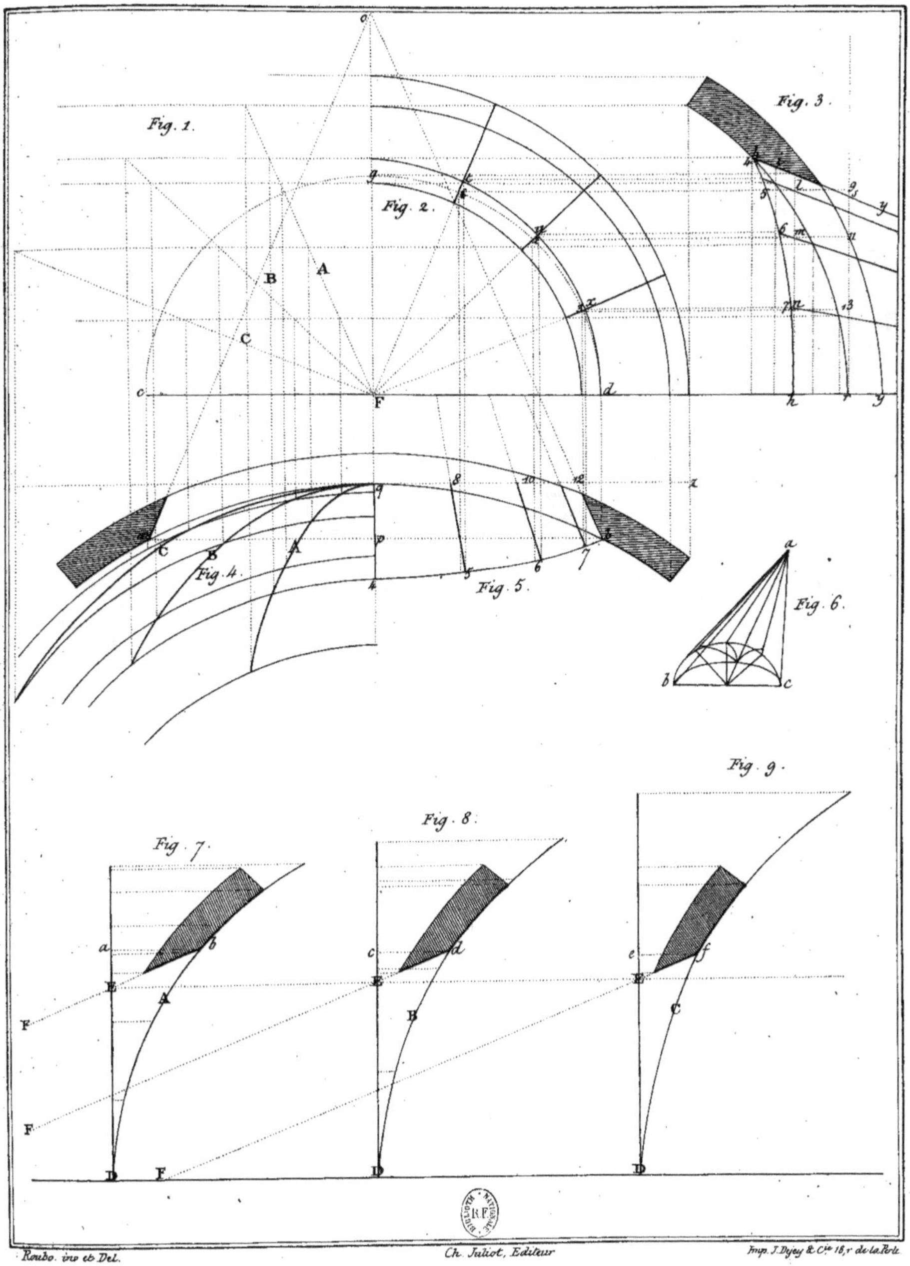

Roubo. inv et Del. Ch. Juliot, Editeur Imp. J. Dejey & Cie 18, r. de la Perle.

DÉVELOPT D'UNE LUNETTE CONIQUE DANS UNE VOÛTE CINTRÉE EN PLAN.

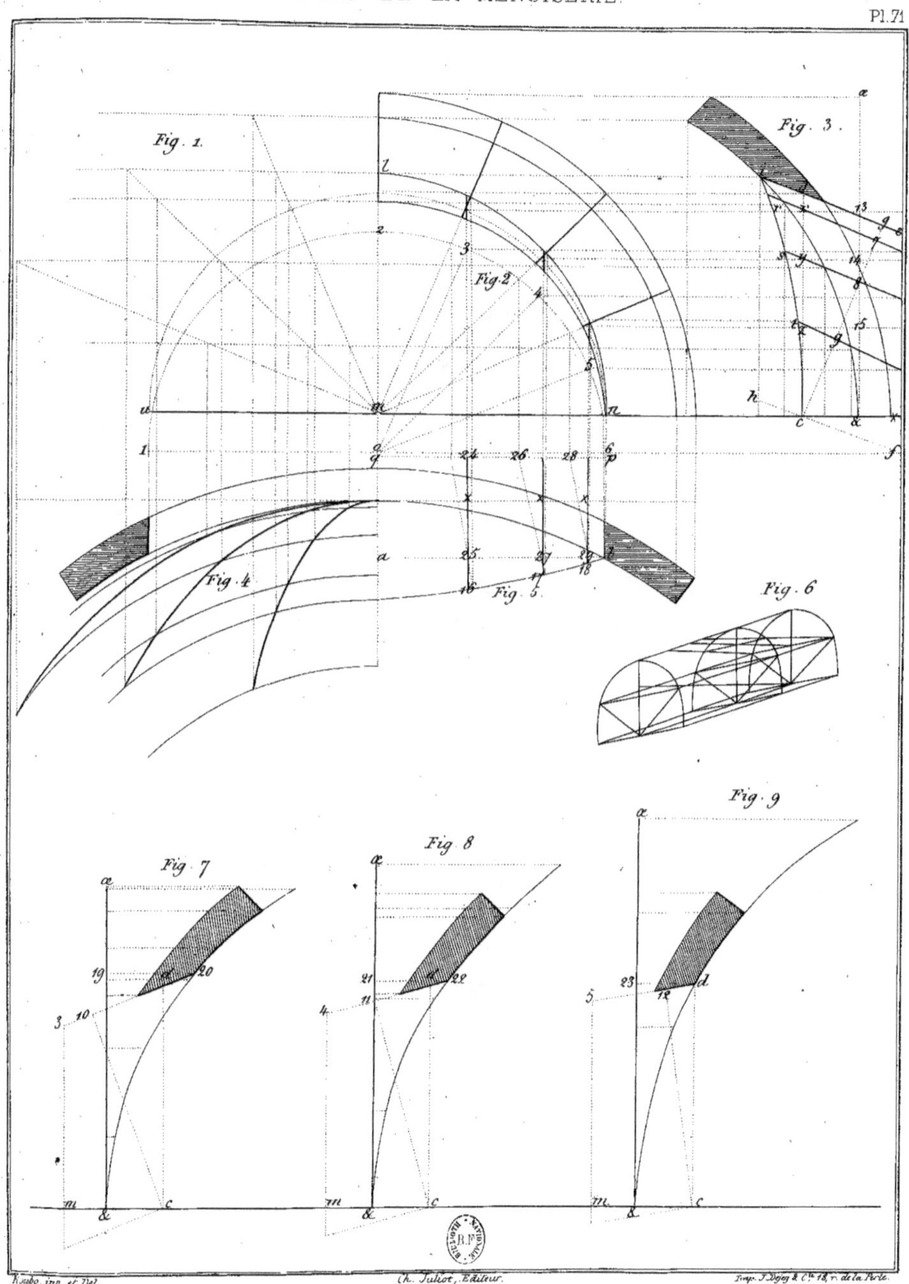

DÉVELOPᵗ D'UNE LUNETTE OBLIQUE SUR L'ÉLÉVATION DANS UNE VOÛTE CINTRÉE EN PLAN.

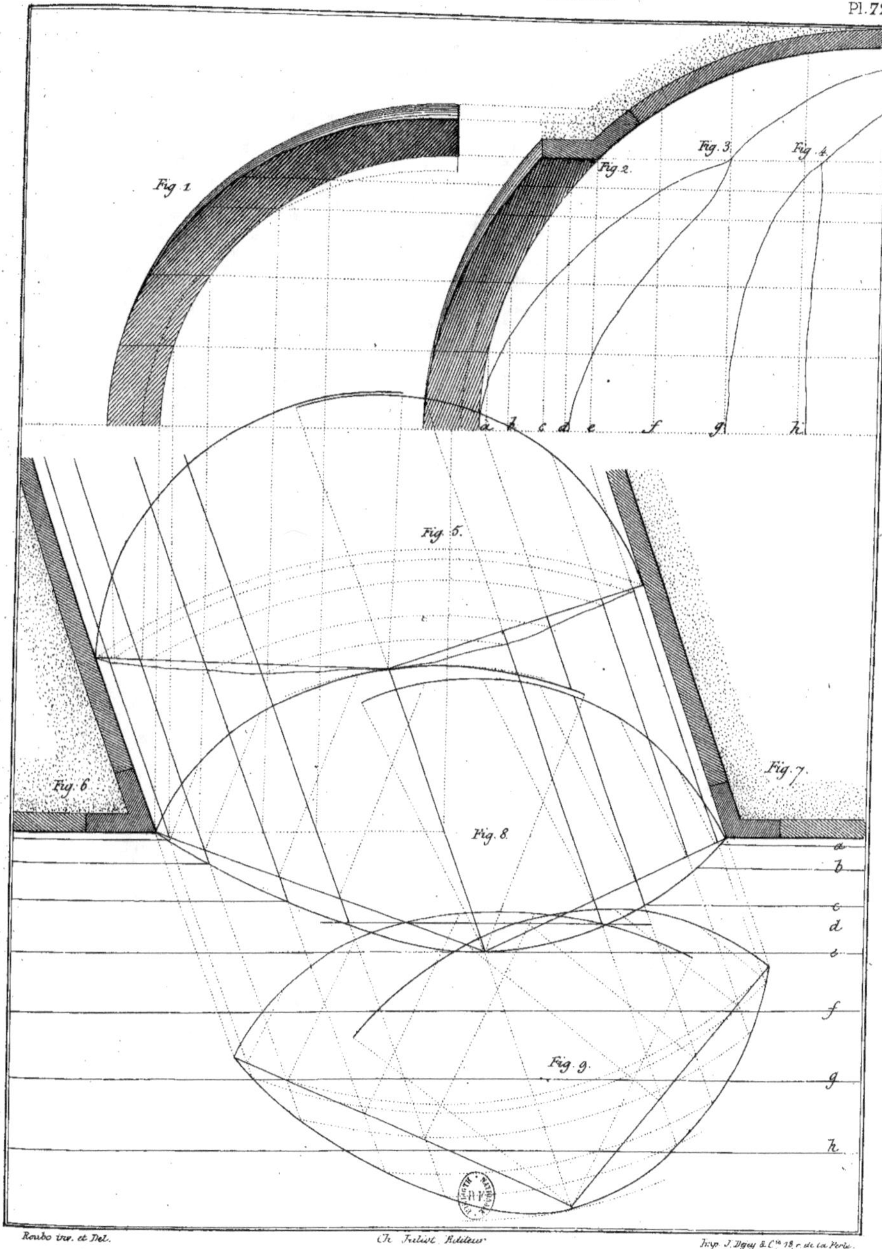

Roubo inv. et Del.

Ch. Trolist Editeur

Imp. J. Digey & Cie 18 r. de la Porte.

DÉVELOPT DES ARÊTES DE DIVERSES LUNETTES TANT DROITES QUE COURBES ET BIAISÉES EN PLAN.

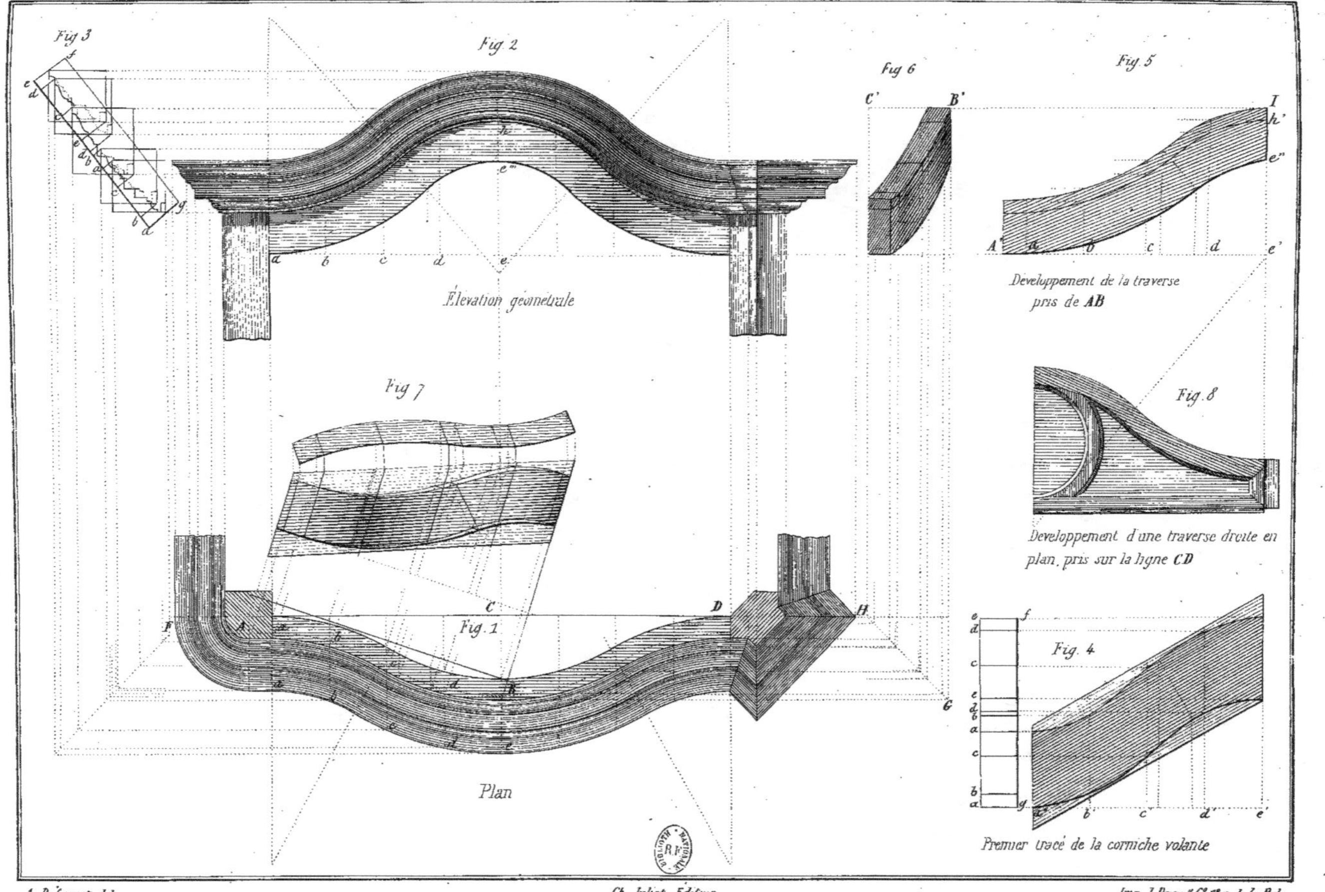

COURBE CINTRÉE EN S, EN PLAN ET EN ÉLÉVATION

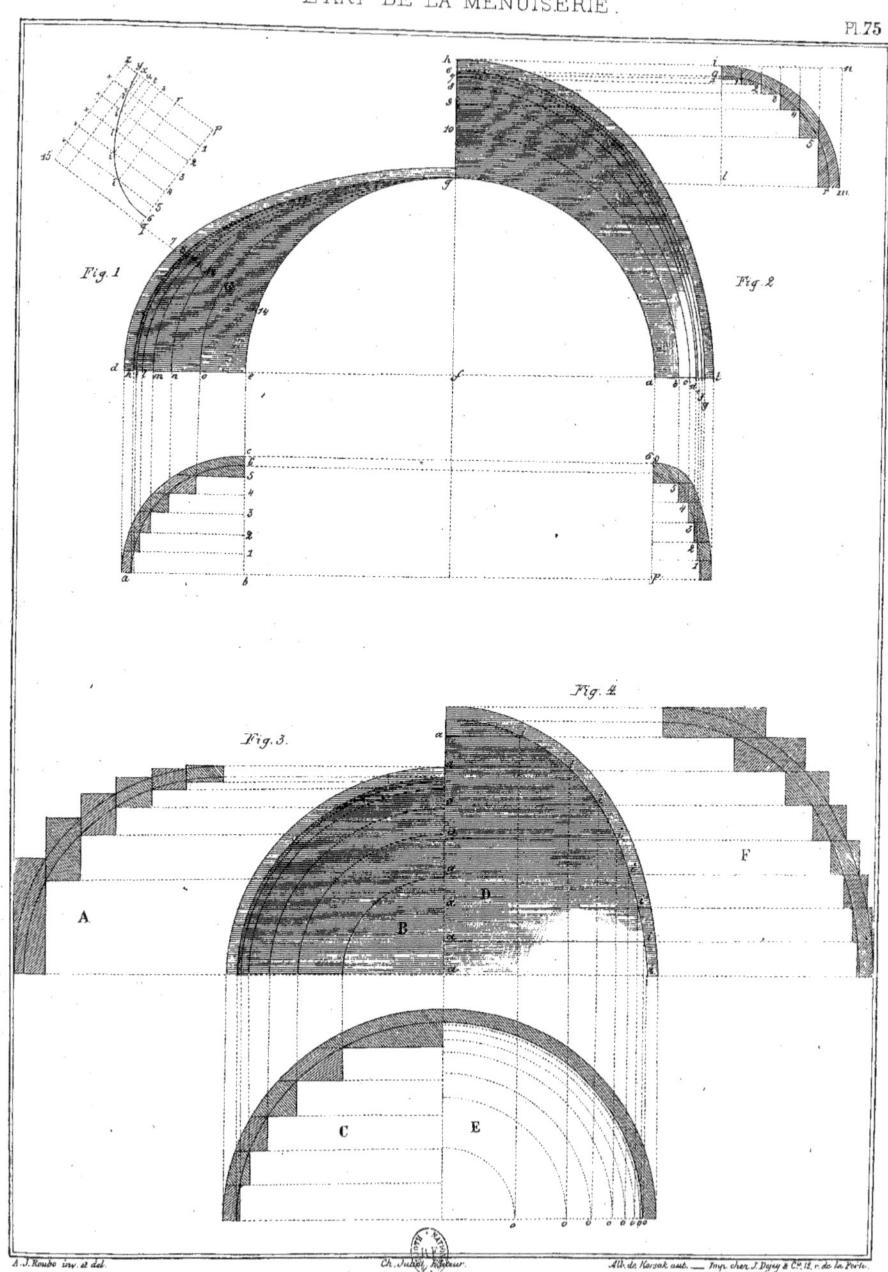

MANIÈRE DE COLLER LES ARCHIVOLTES GAUCHES ET LES CALOTTES.

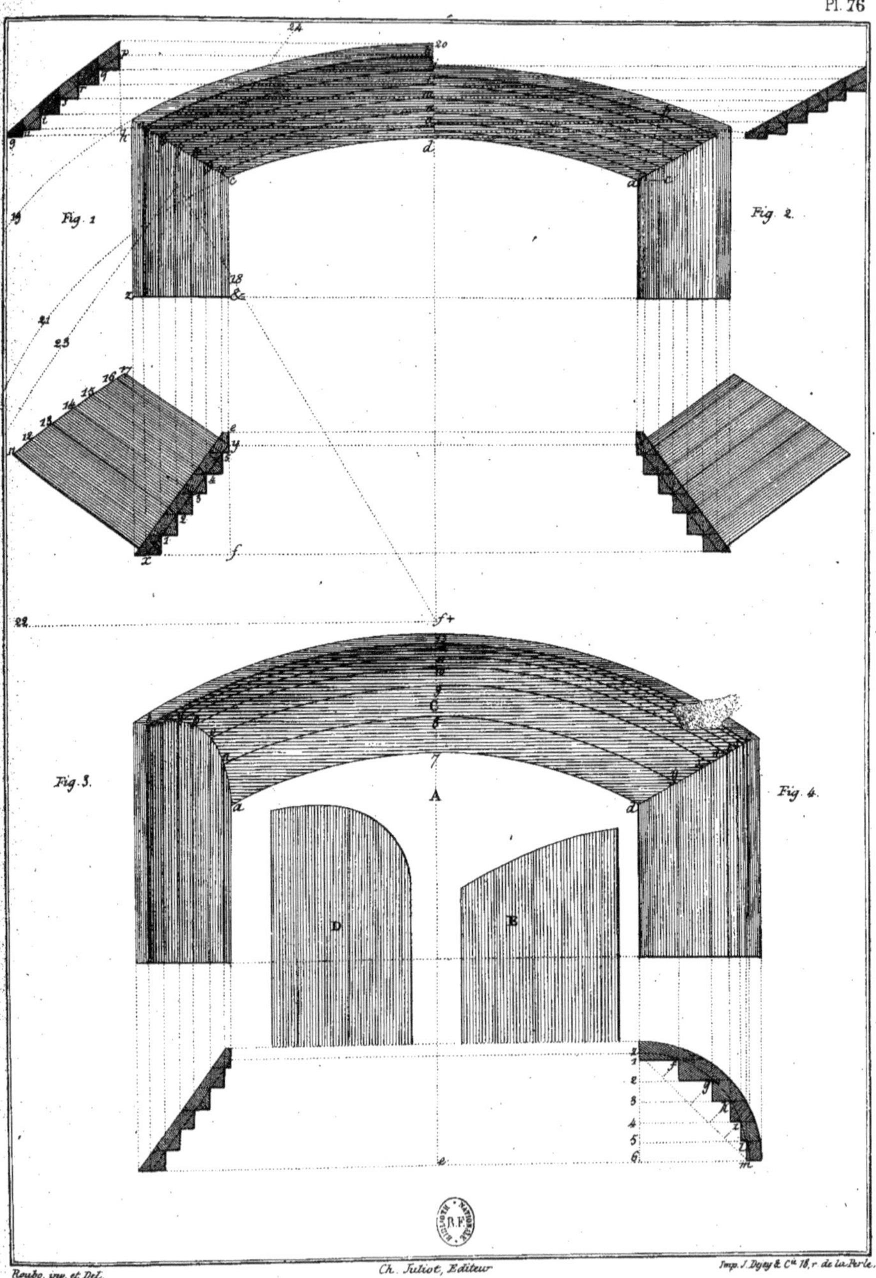

MANIÈRE DE COLLER LES ARCS BOMBÉS BIAIS ET CINTRÉS EN PLAN.

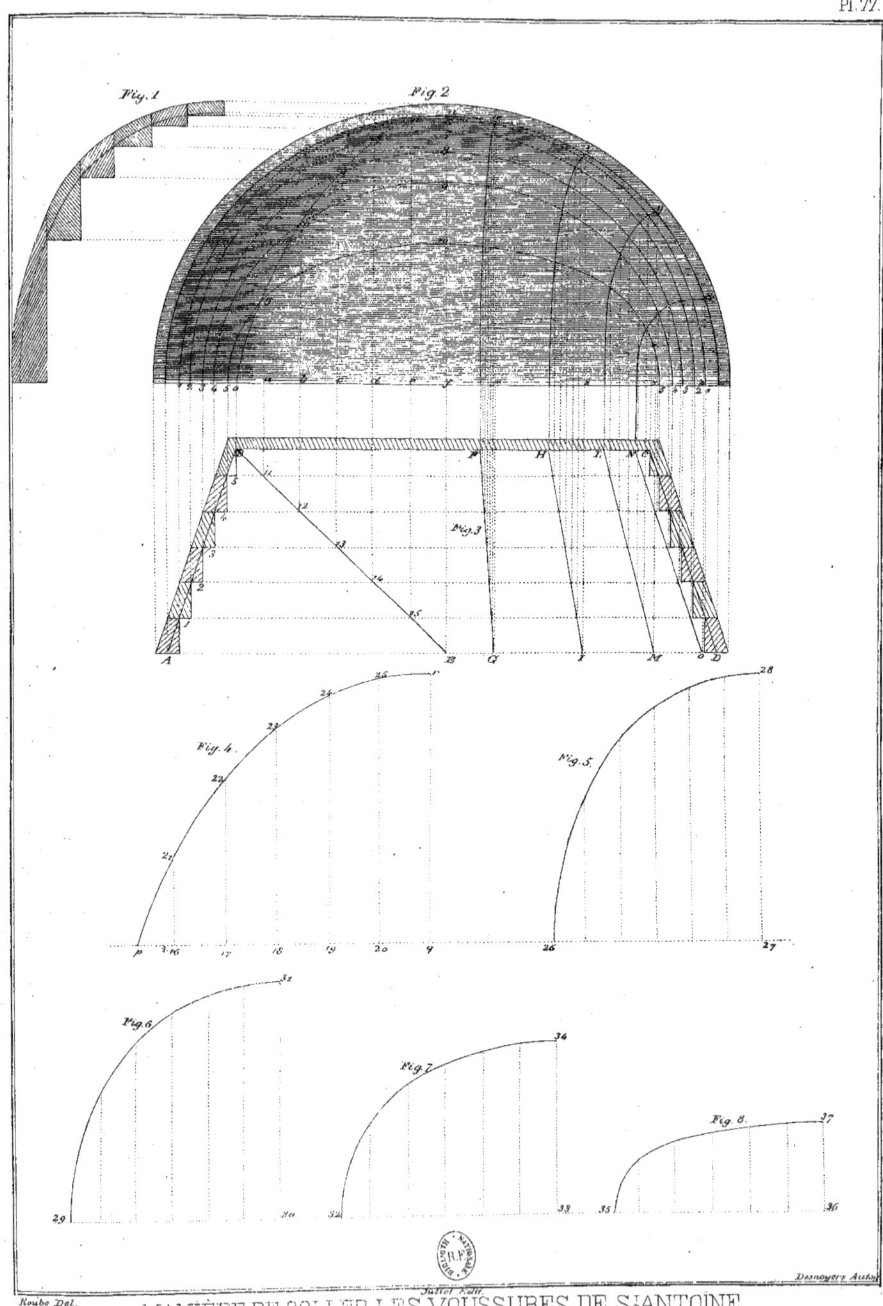

MANIÈRE DE COLLER LES VOUSSURES DE SᵗᴬNTOINE
ET D'EN TROUVER TOUTES LES COUPES

Pl. 78

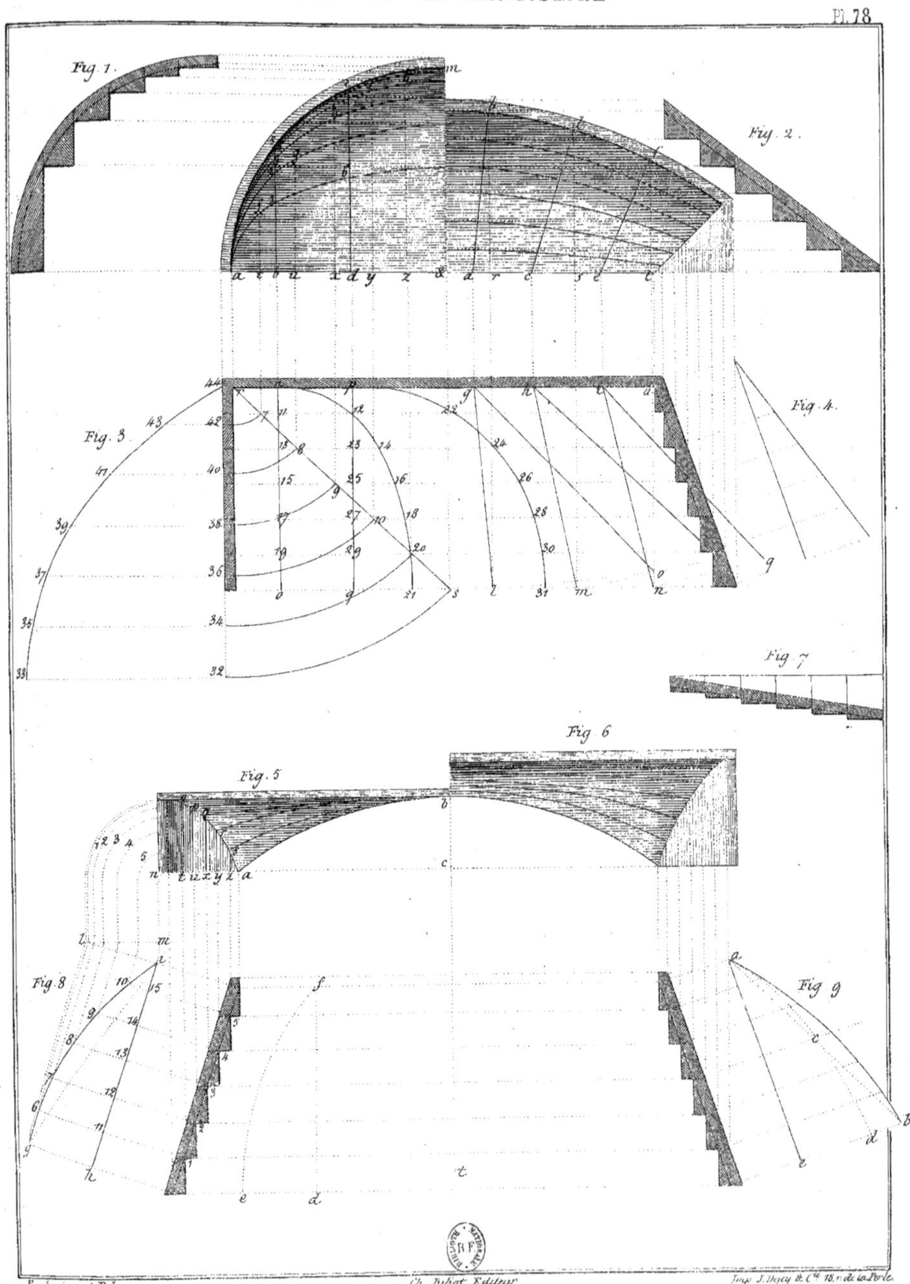

Roubo inv. et Del.

Ch. Juliot, Editeur.

Imp. J. Dejey & Cie, 18, r. de la Perle.

MANIÈRE DE COLLER LES ARRIÈRES VOUSSURES DE St ANTOINE SURBAISSÉE ET LEUR CONTRE PARTIE

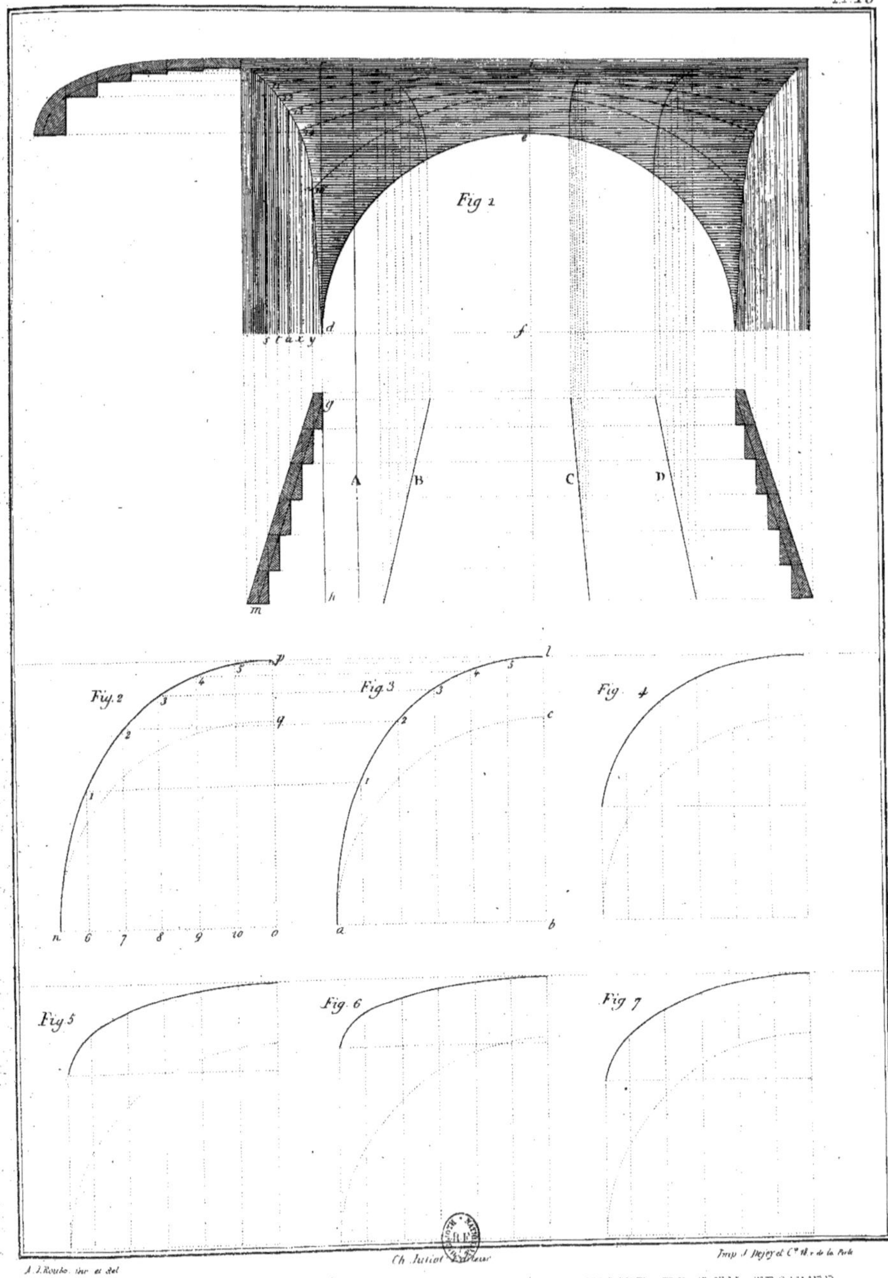

MANIÈRE DE COLLER LES ARRIÈRES VOUSSURES DE MONTPELLIER ET D'EN TROUVER
TOUTES LES COUPES

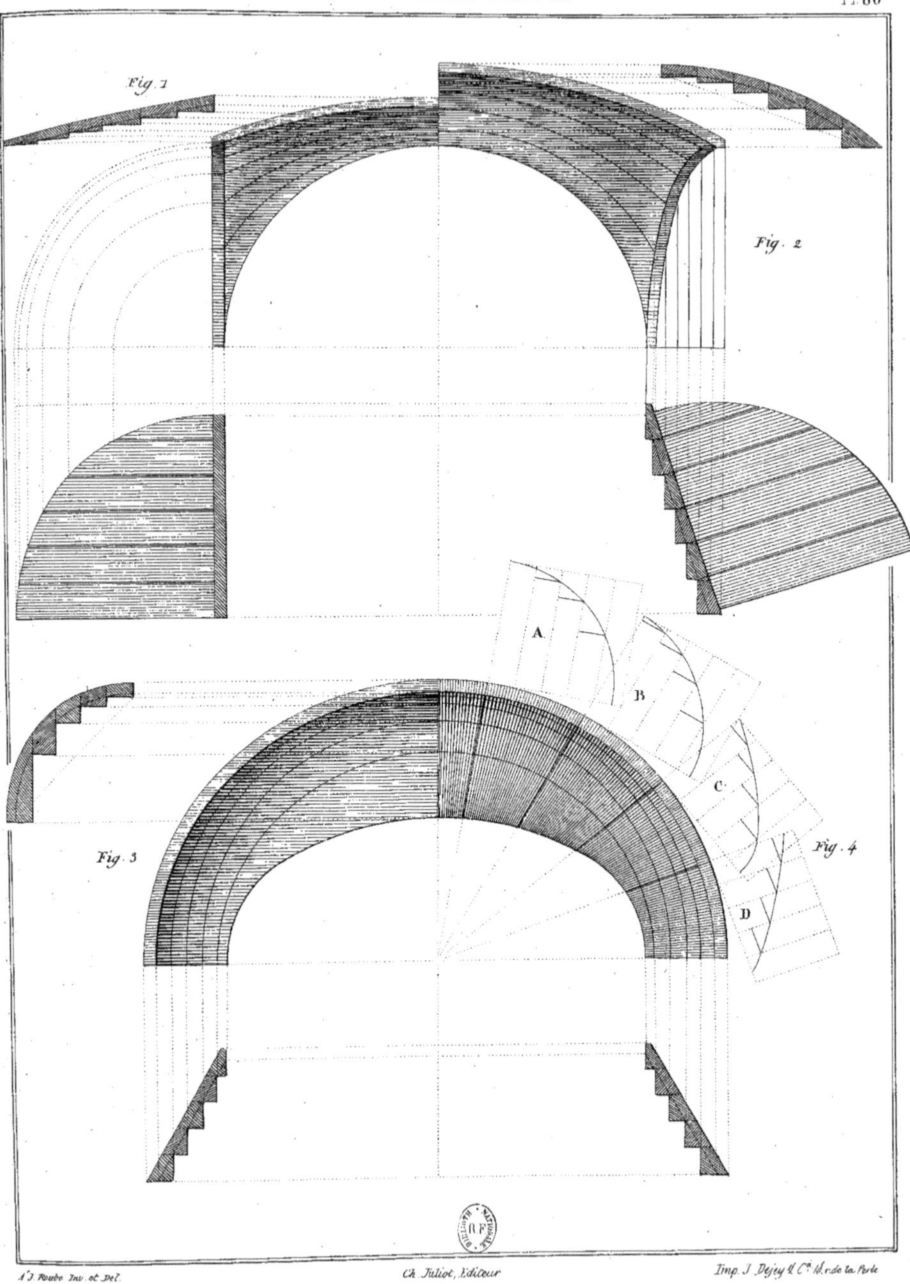

MANIÈRE DE COLLER LES ARRIÈRES-VOUSSURES DE MARSEILLE

A. J. Roubo Inv et Del.

Ch. Juliot Editeur.

Imp. J. Dejey & C.ie R. de la Perle

DIFFÉRENTES MANIÈRES DE FAIRE LES DOUELLES GAUCHES

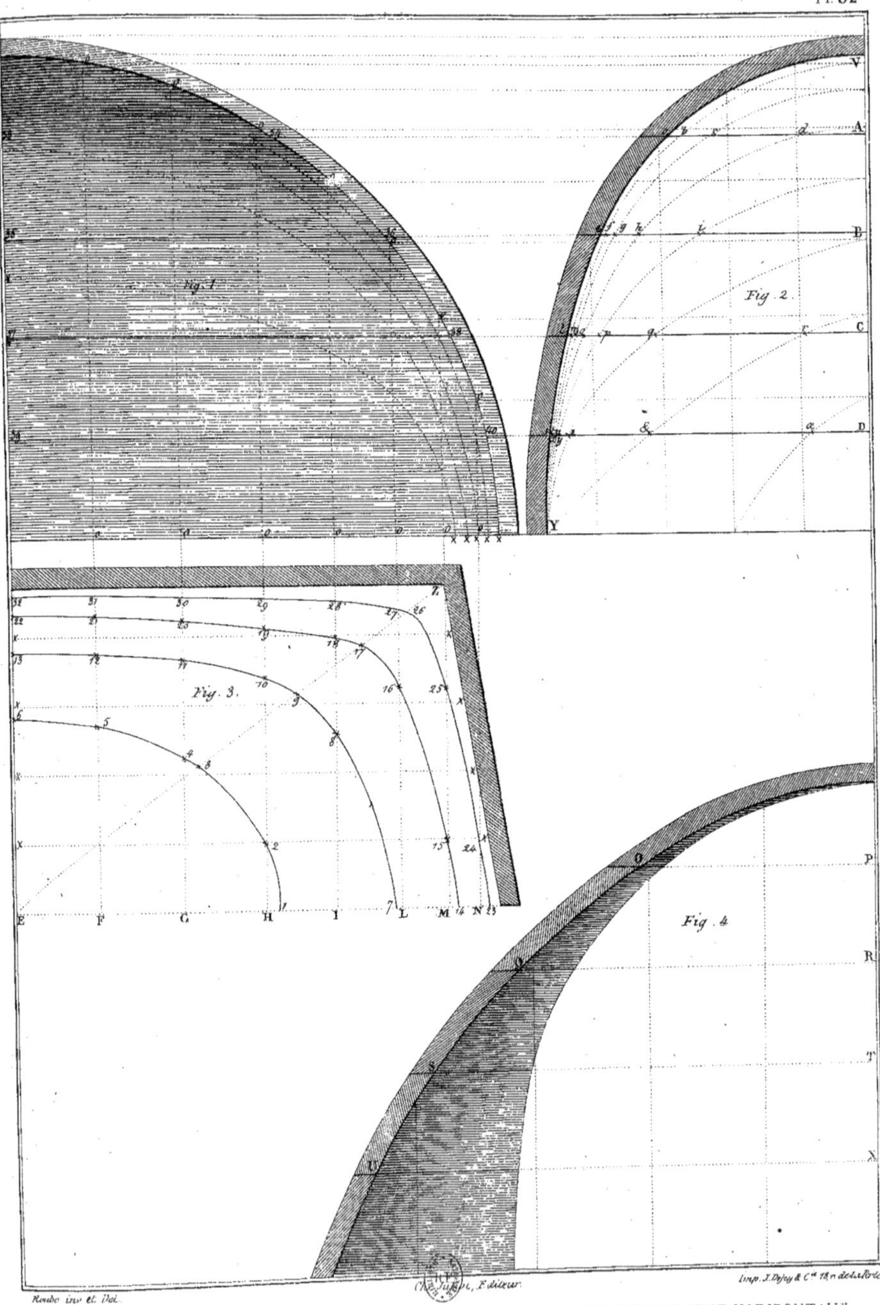

MANIÈRE DE TRACER LES CERCLES DES VOUSSURES DONT LES JOINTS SONT HORIZONTAUX.

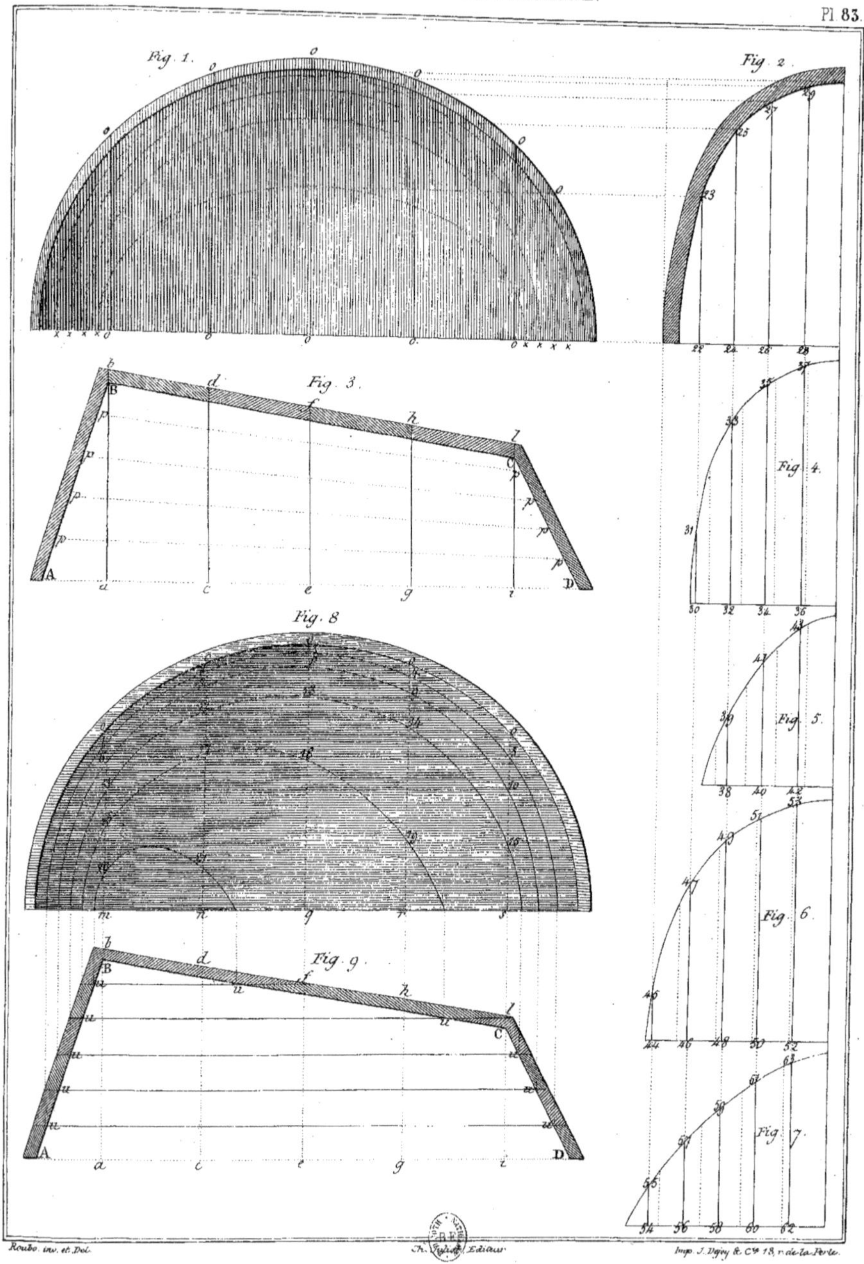

Roubo inv. et Del.

Ch. Juliot, Editeur.

Imp. J. Digny & Cie 18, r. de la Porte.

DIFFÉR.^{tes} MANIÈRES DE COLLER LES ARRIÈRES VOUSSURES DONT LE PLAN EST IRRÉGULIER.

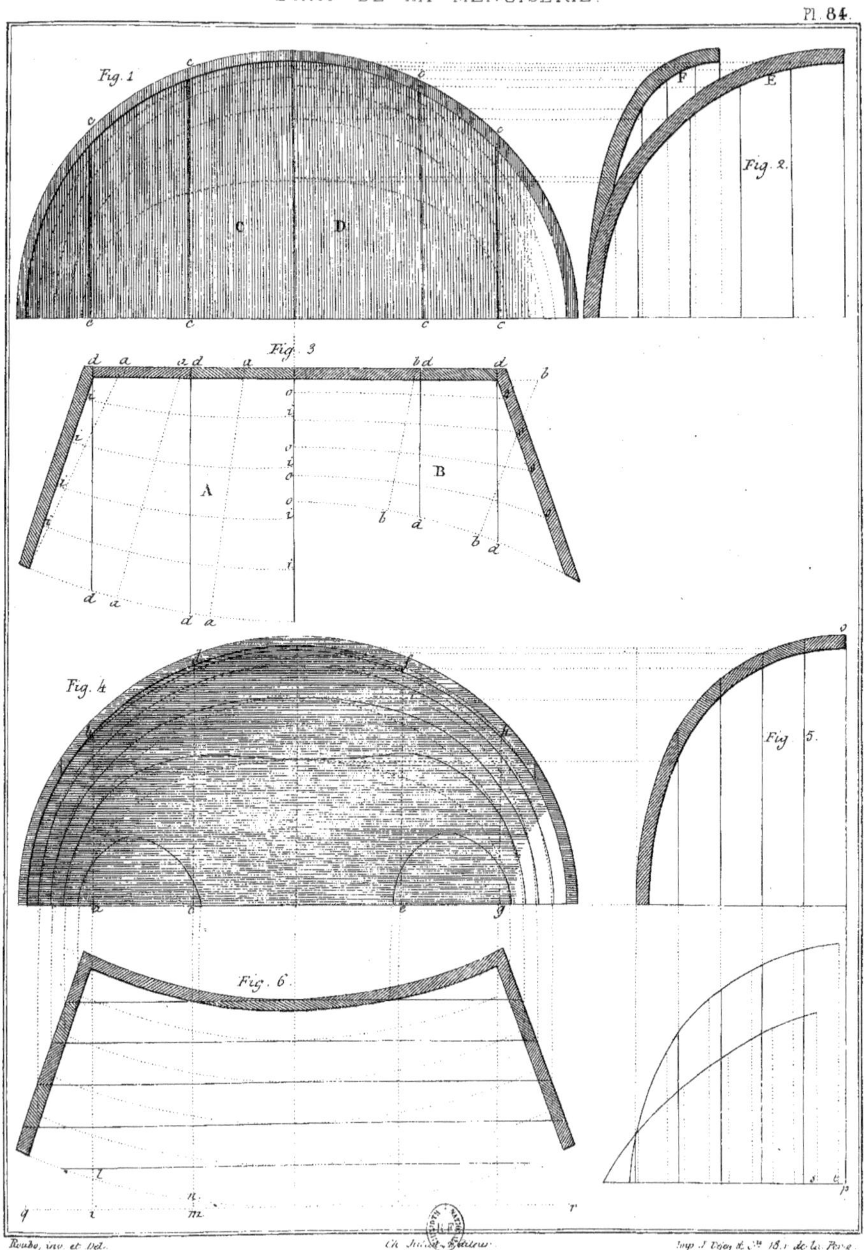

Roubo, inv. et Del.

MANIÈRE DE COLLER LES ARRIÈRES VOUSSURES CINTRÉES EN PLAN.

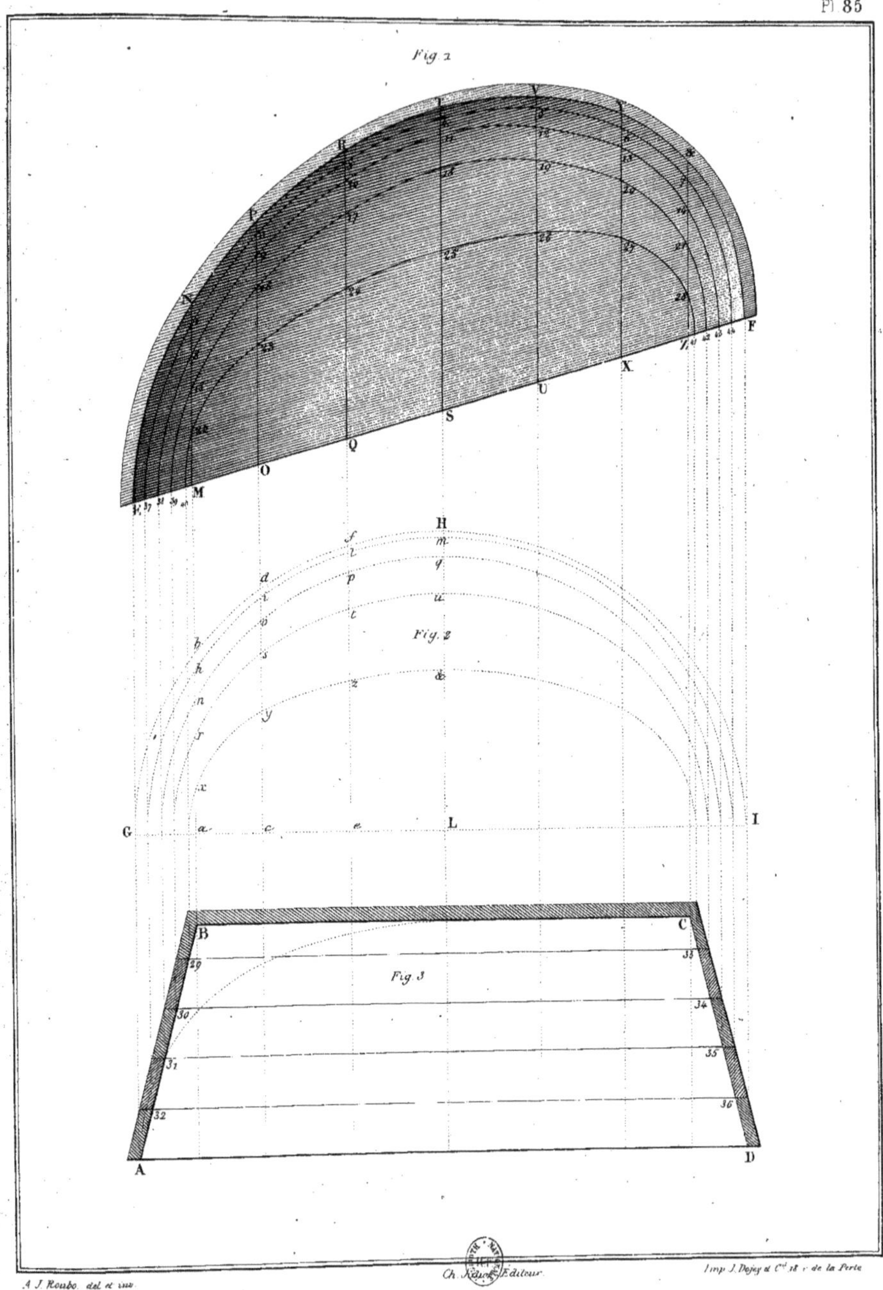

MANIÈRE DE TRACER ET DE COLLER LES ARRIÈRES VOUSSURES BIAISES

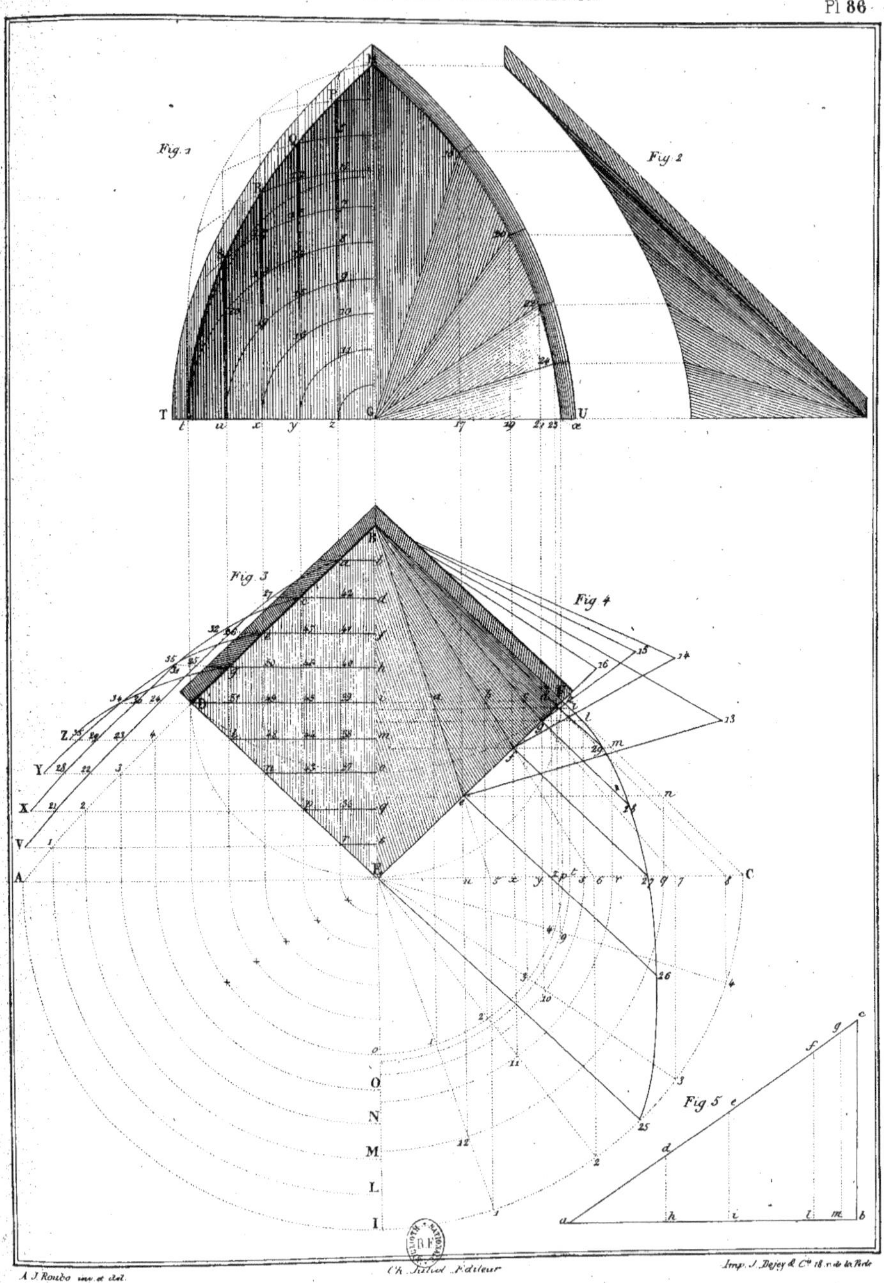

MANIÈRE DE COLLER LES TROMPES ET D'EN TROUVER TOUTES LES COUPES

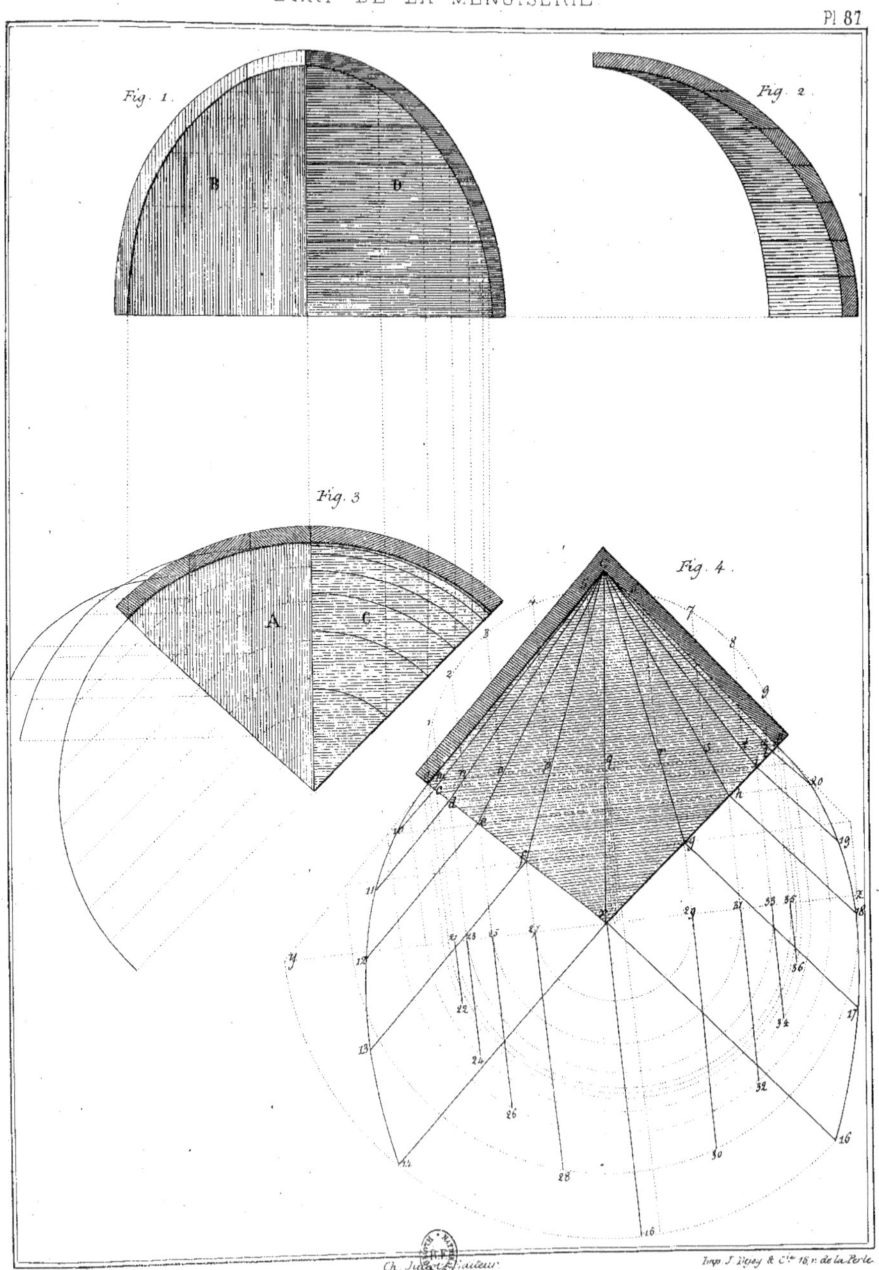

MANIÈRE DE COLLER LES TROMPES EN NICHES ET CELLES D'UN PLAN IRRÉGULIER

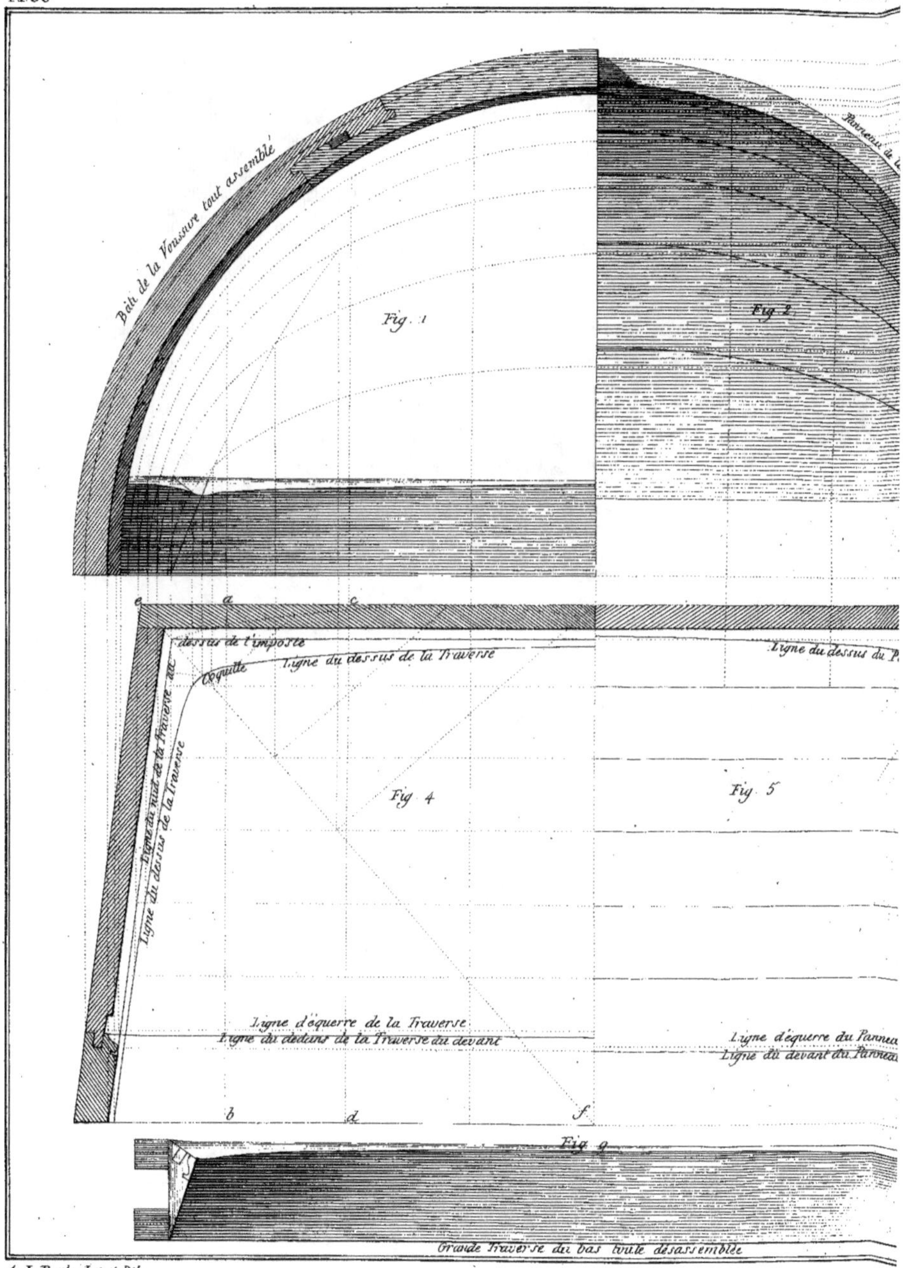

A. J. Roubo. Inv. et Del.

Ch.

PLAN, COUPE ET ÉLÉVATION D'UNE ARRIÈRE-VOUSSURE DE S

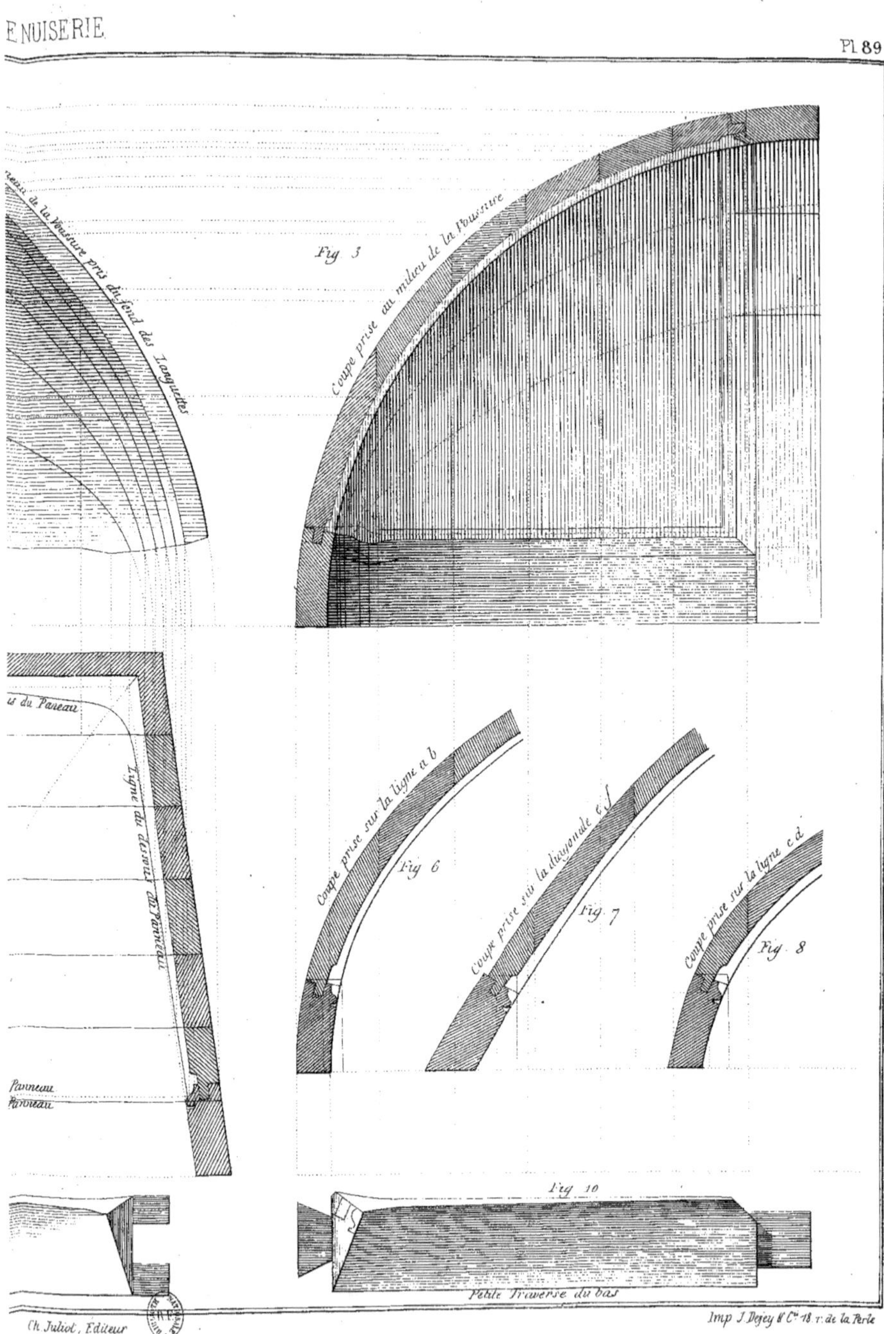

DE St ANTOINE D'ASSEMBLAGE AVEC SES DÉVELOPPEMENTS

Pl. 90.

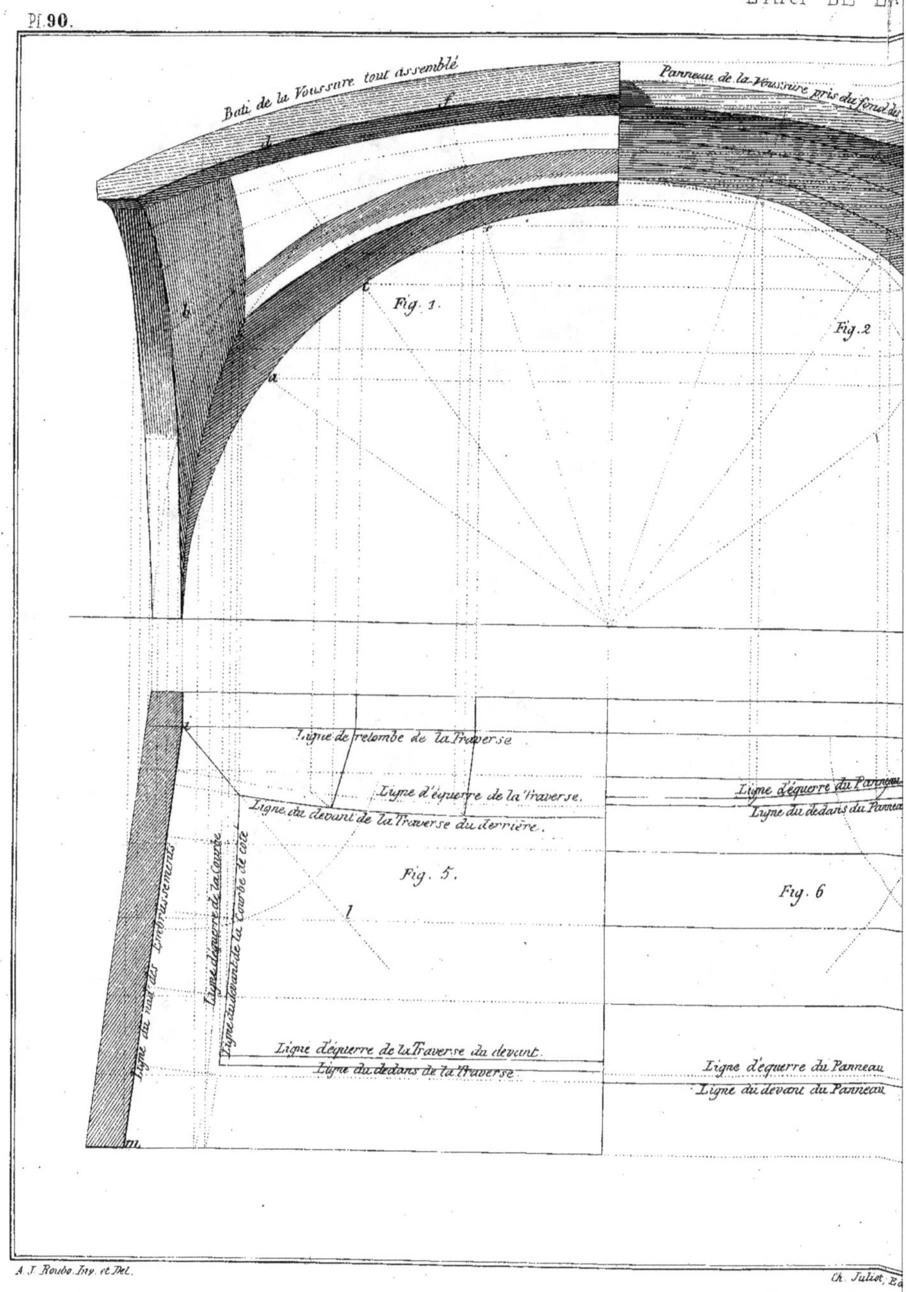

A. J. Roubo Inv. et Del.

Ch. Juliot Sc.

PLAN COUPE ET ÉLÉVATION D'UNE ARRIÈRE VOUSSURE D

...RE DE MARSEILLE D'ASSEMBLAGE AVEC SES DÉVELOPPEMENTS.

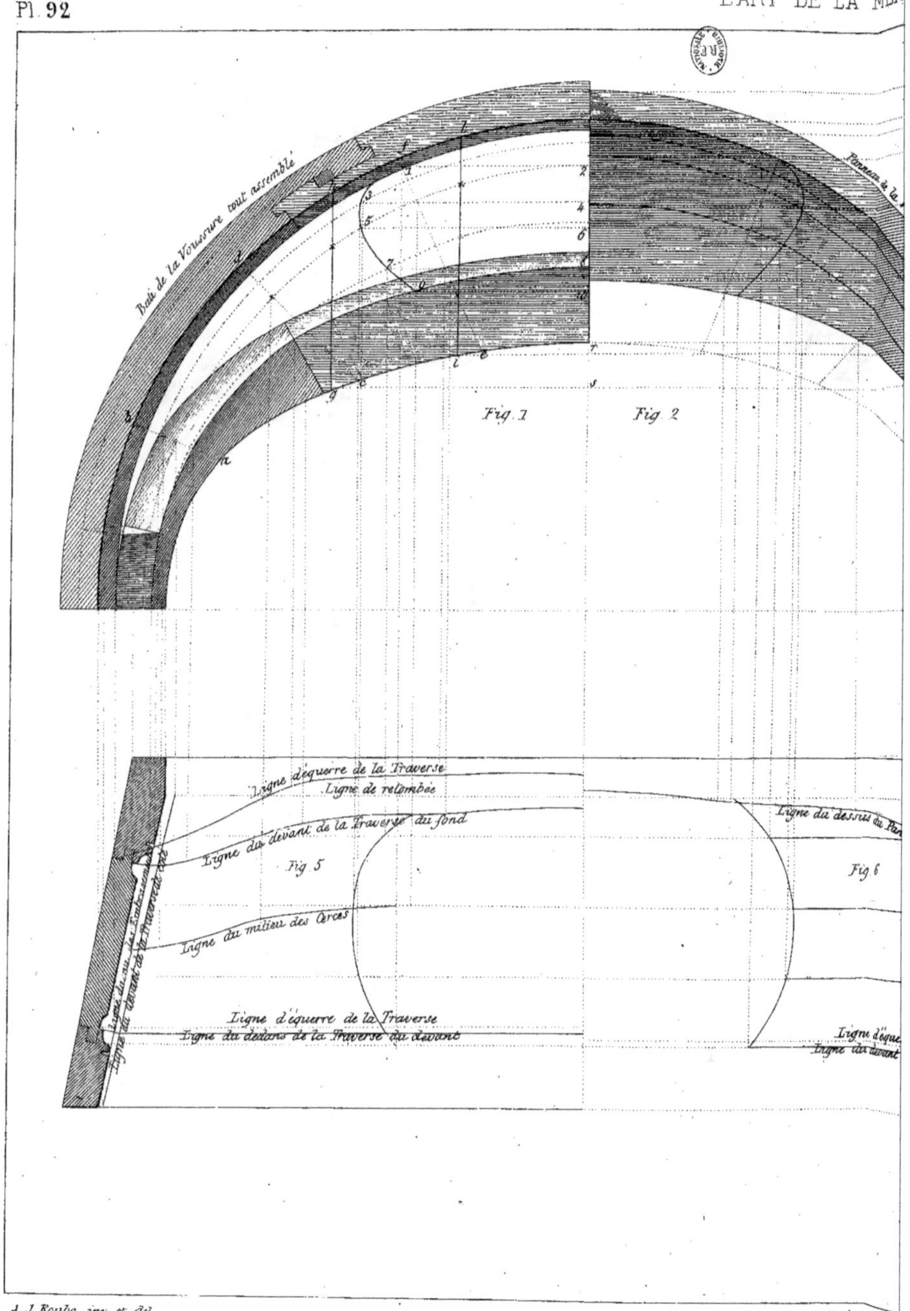

PLAN, COUPE ET ÉLÉV.ⁿ D'UNE ARRIÈRE-VOUSSURE, FAISANT CONTRE-PARTIE DE

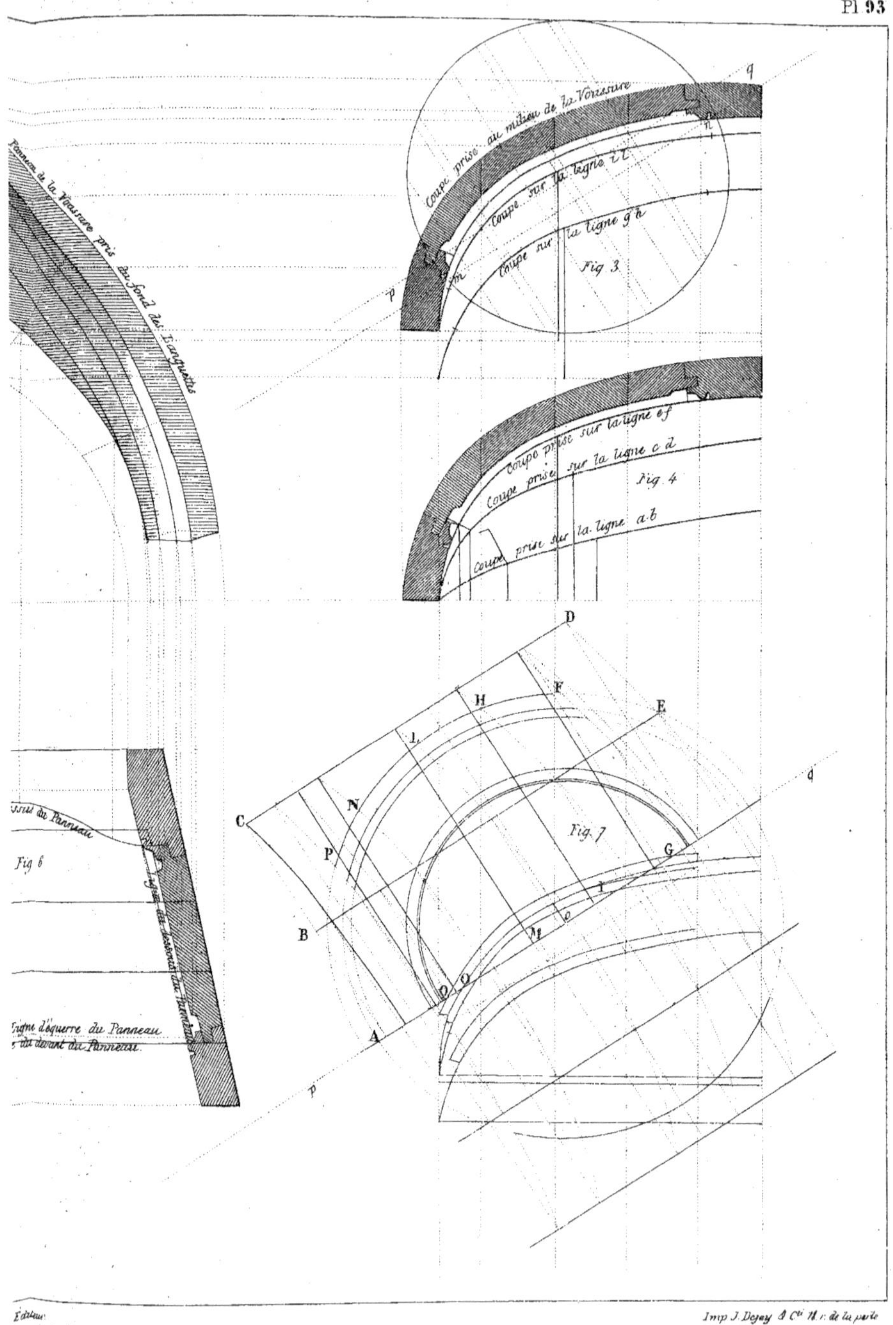

RTIE DE CELLE DE MARSEILLE D'ASSEMBLAGE AVEC UN ROND AU MILIEU

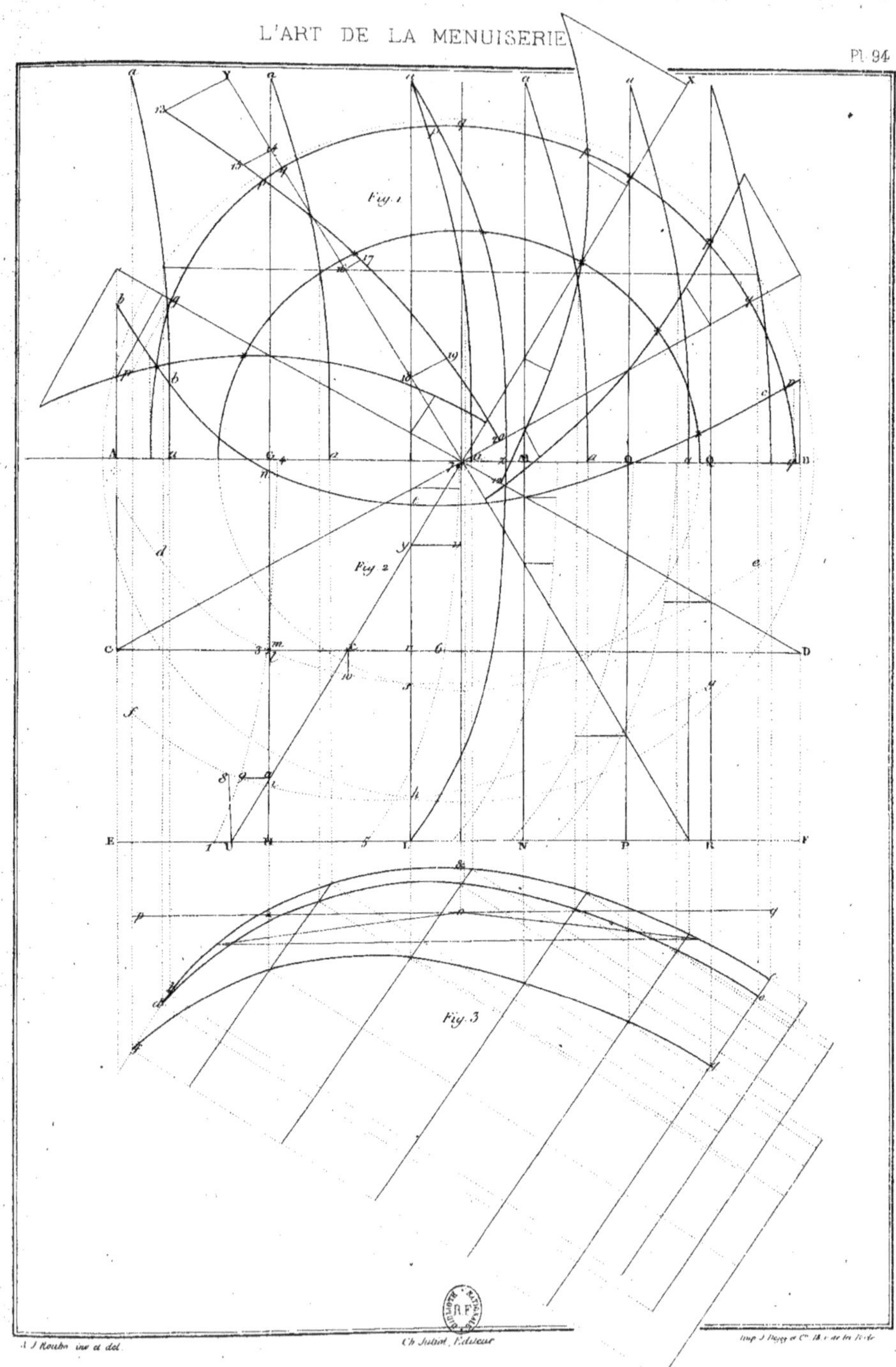

MANIÈRE DE DÉTERMINER LA COURBE EXTÉRᵉ ET LA LARGᵉ DES RONDS

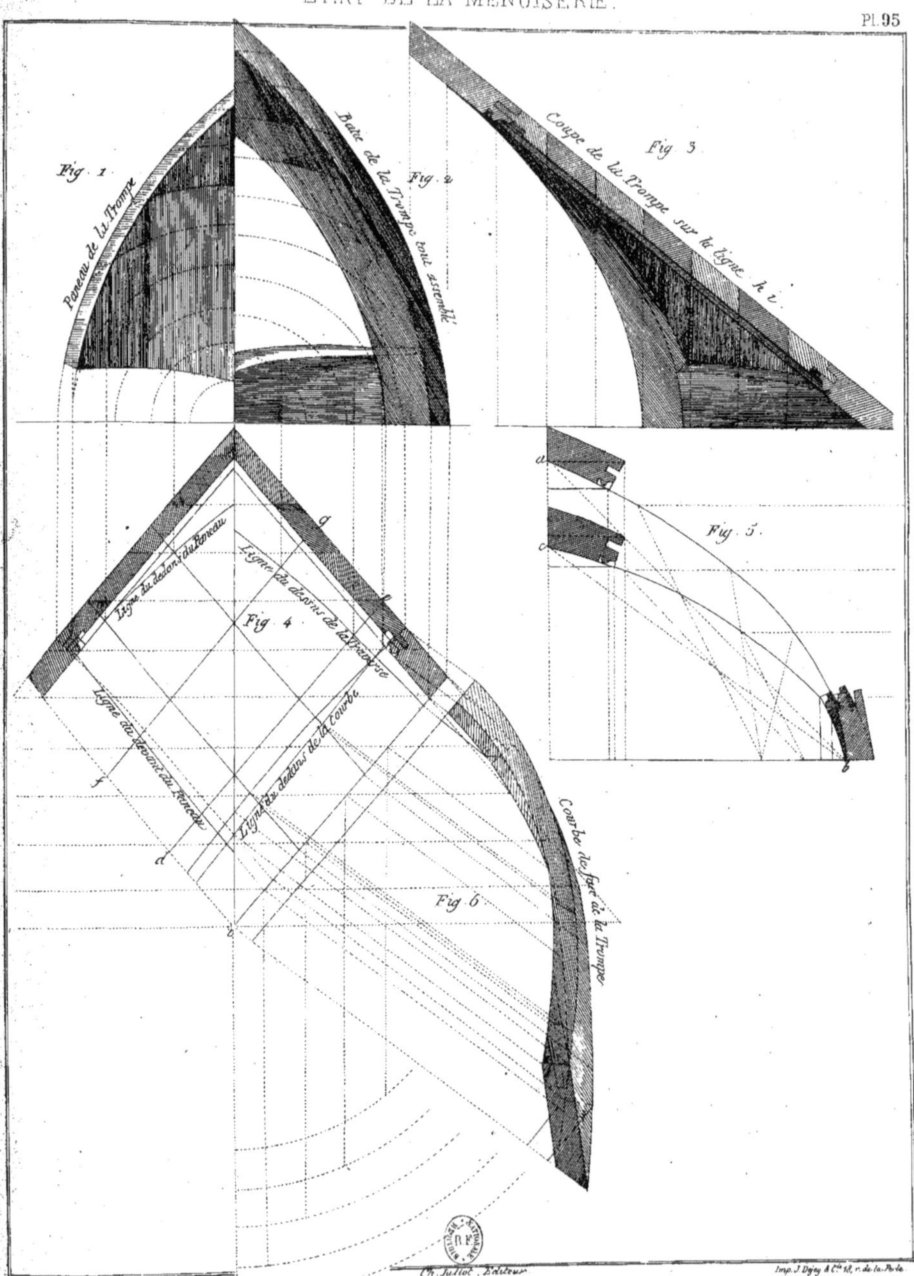

A.J. Roubo. Inv. et Del.

Ch. Juliot. Éditeur.

Imp. J. Dejey & Cie. 18, r. de la Perle.

PLAN, COUPE ET ÉLÉVATION D'UNE TROMPE D'ASSEMBLAGE.

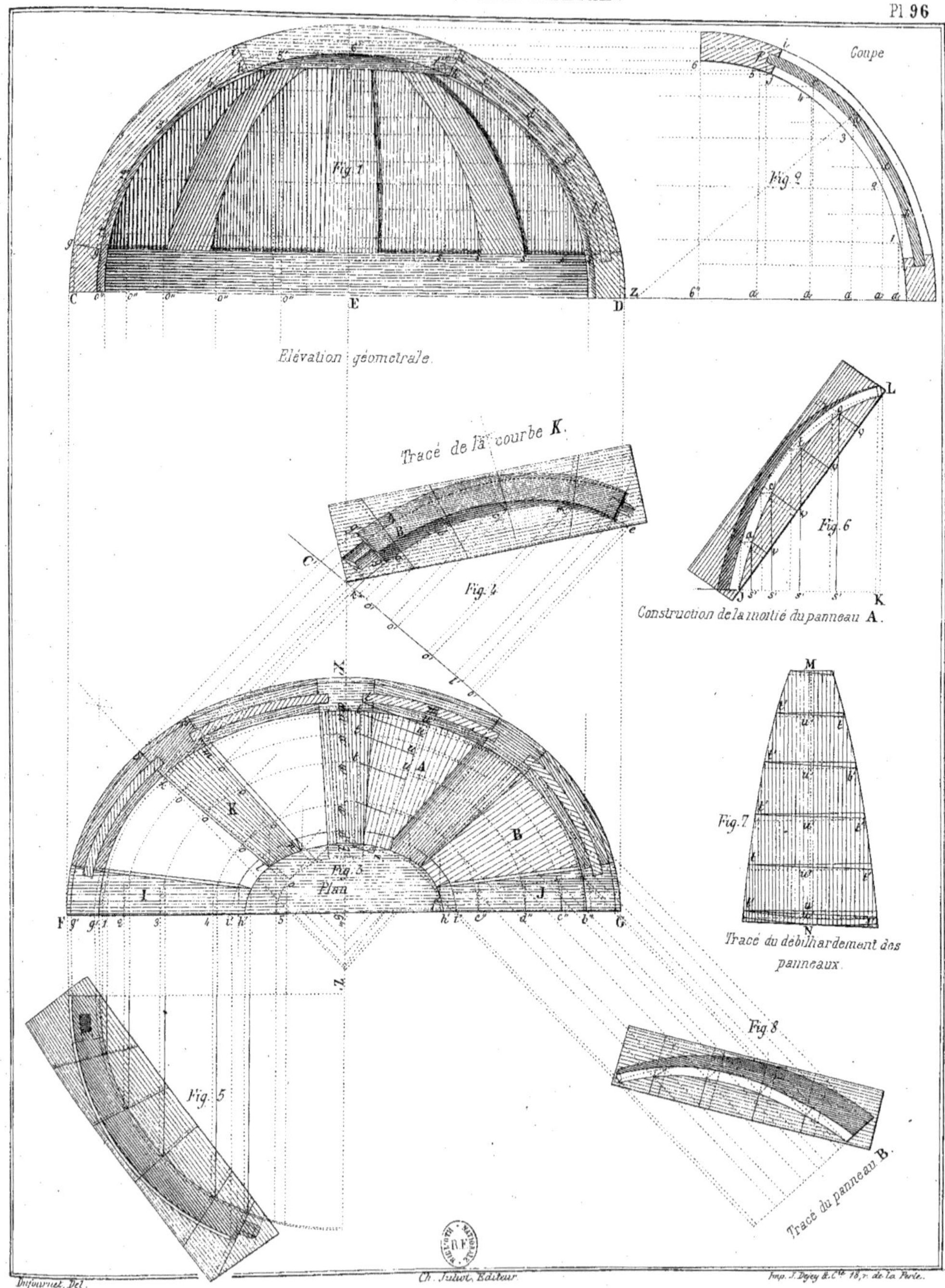

PLAN COUPE ET ÉLÉVATION GÉOMETRALE D'UNE COUPE ELLIPSOÏDE.

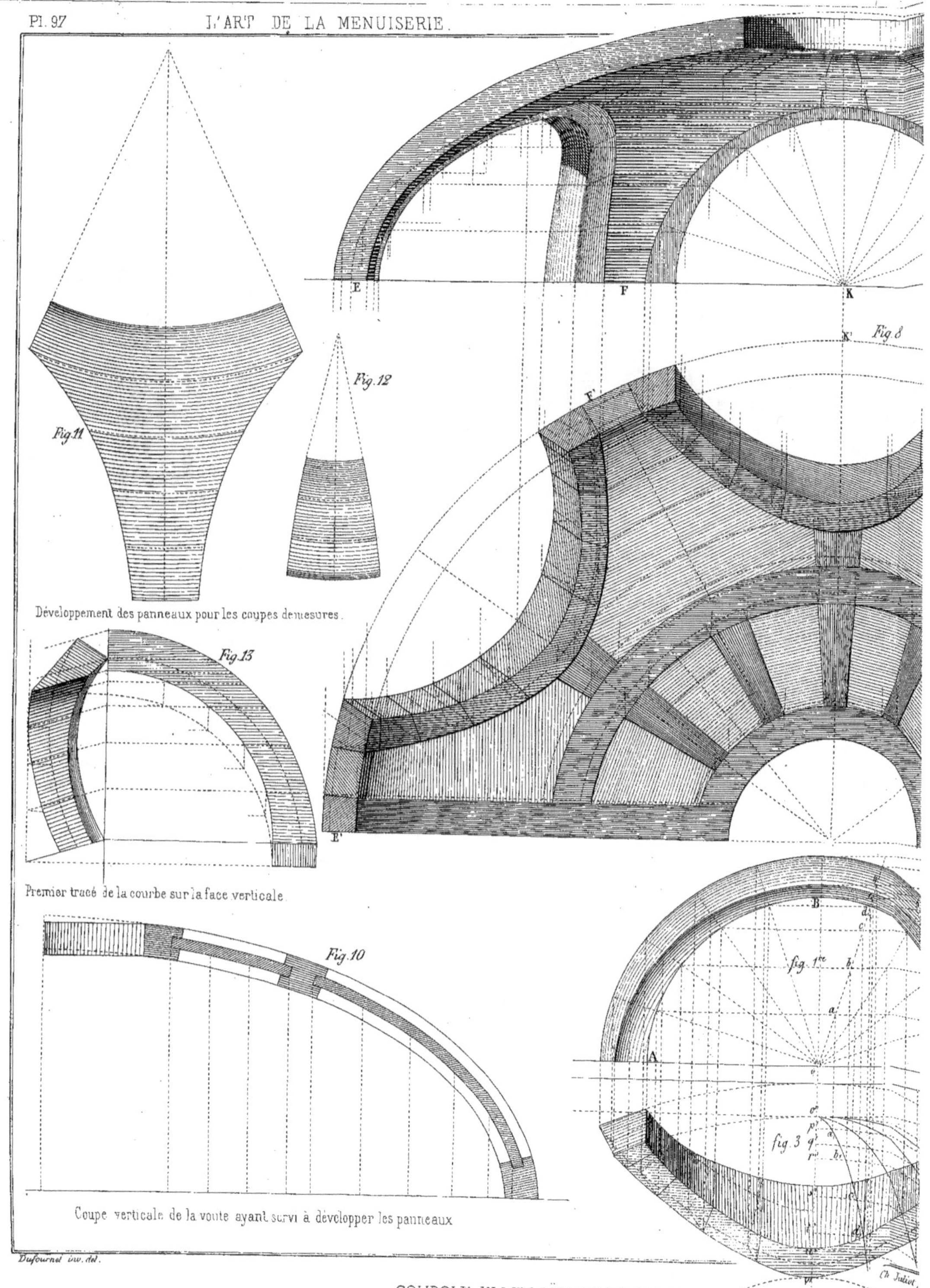

COUPOLE ELLIPSOIDE DONT LE PLAN DE PROJECTION HORIZON

Coupe verticale de la voûte ayant servi à développer les panneaux

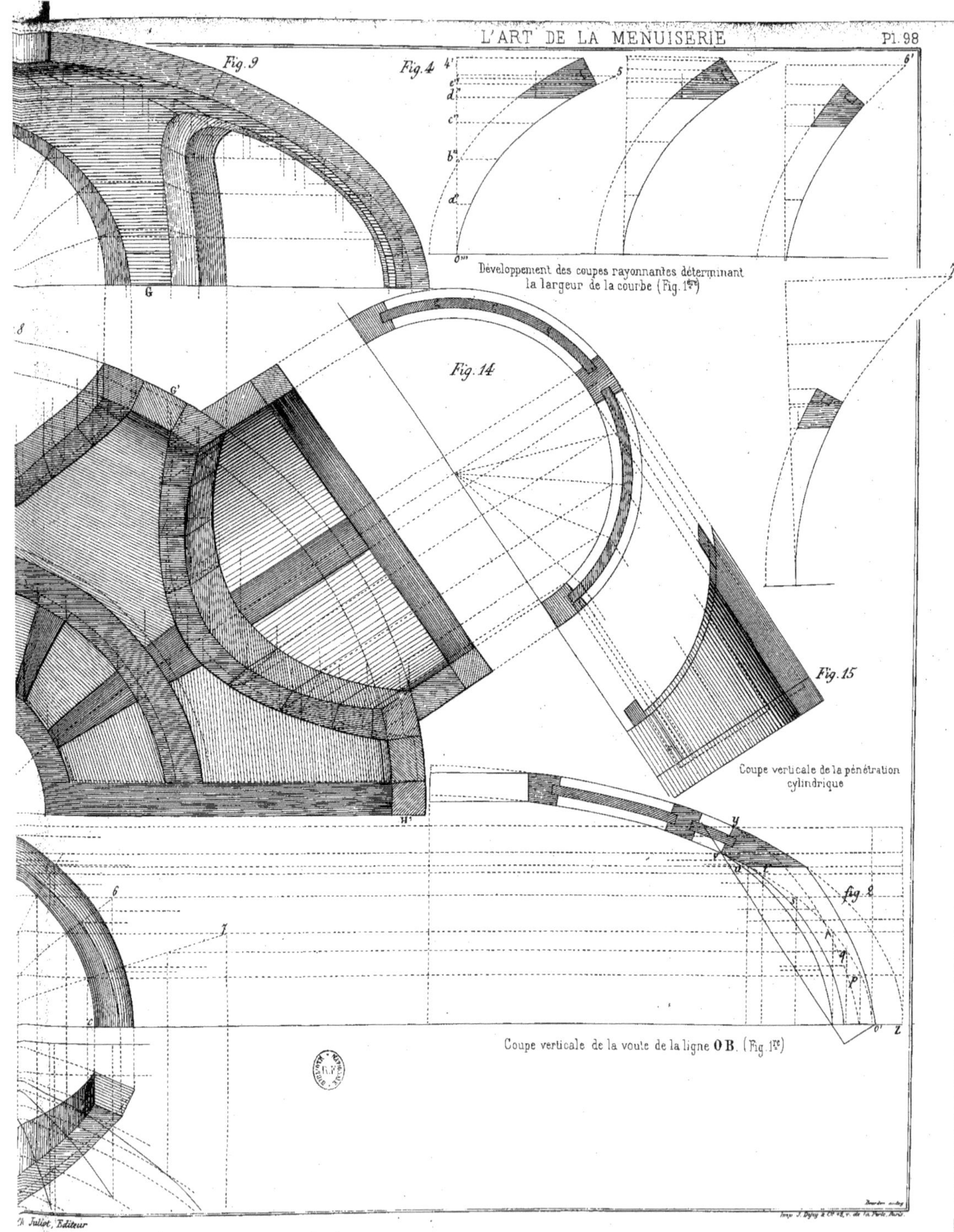
Fig. 9
Fig. 4
Fig. 14
Fig. 15
Développement des coupes rayonnantes déterminant
la largeur de la courbe (Fig. 1ère)
Coupe verticale de la pénétration
cylindrique
Coupe verticale de la voute de la ligne O B. (Fig. 1ère)
fig. 2
Ch. Juliot, Editeur
ORIZONTALE EST CIRCULAIRE ET AVEC PÉNÉTRATION CYLINDRIQUE.

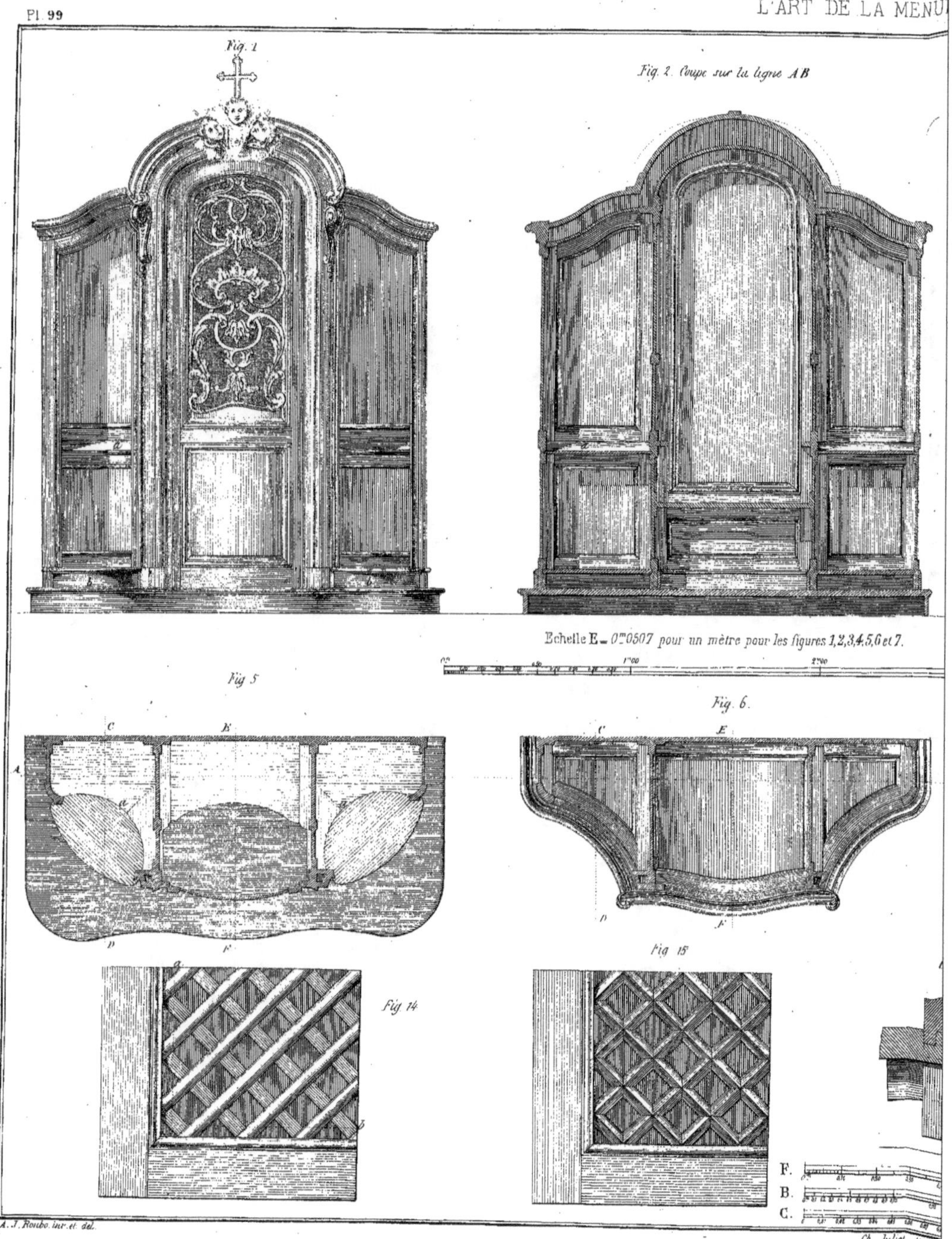

PLANS, COUPES ET ÉLÉVATION D'UN CONFESSIONNAL AVEC SES DÉ

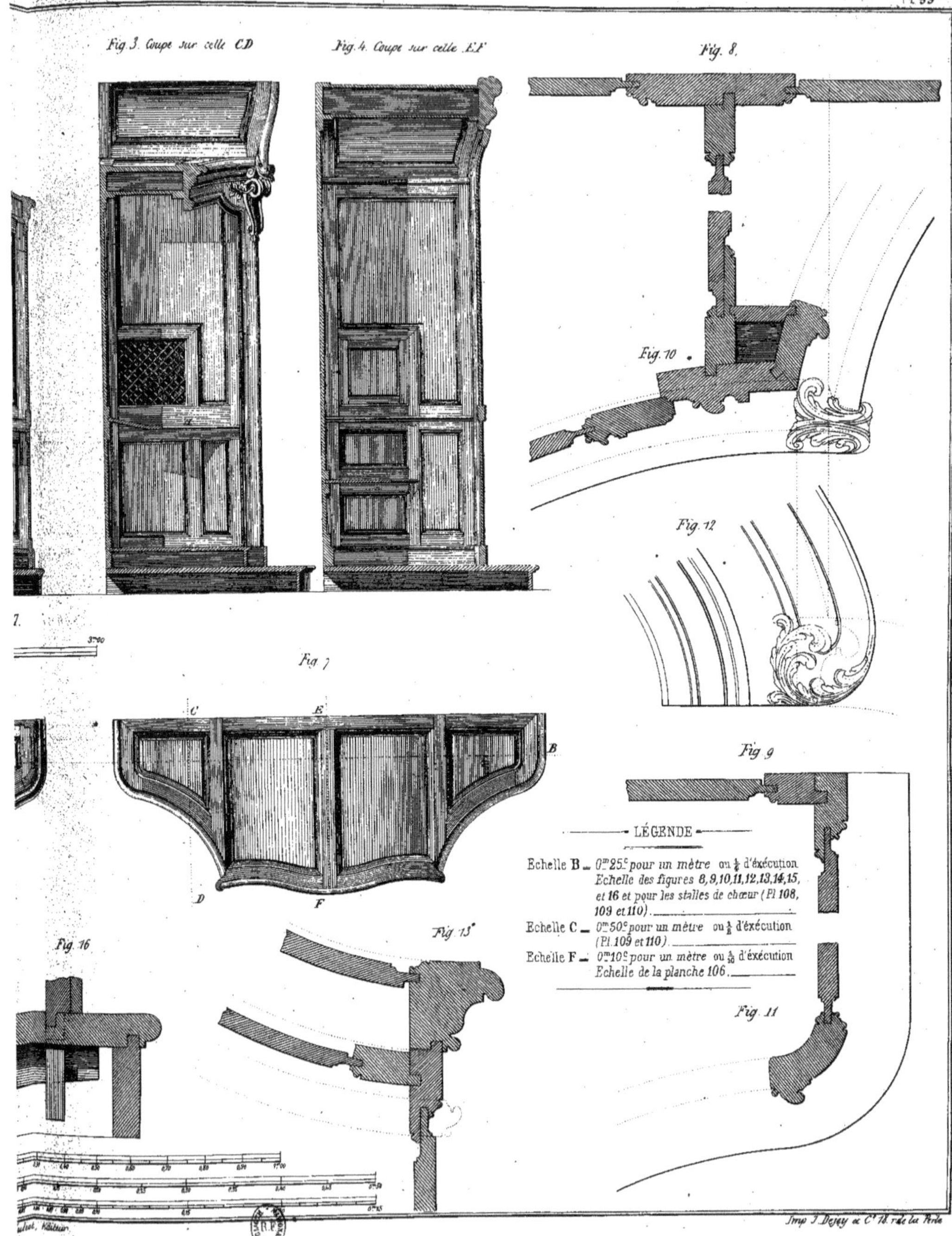

S DÉVELOPPEMENTS AU QUART DE L'EXÉCUTION

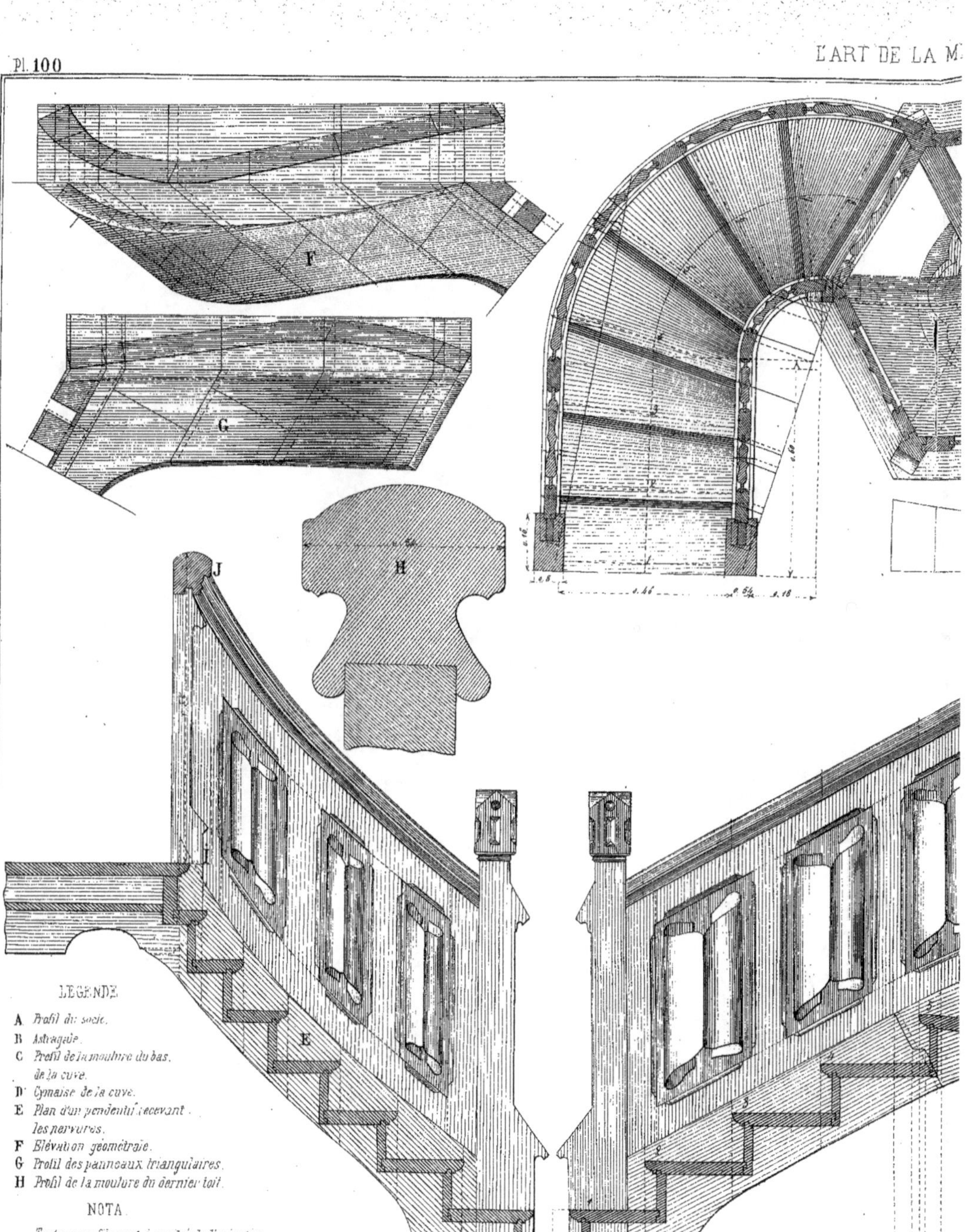

PLAN ET DÉVELOPPEMENT DE

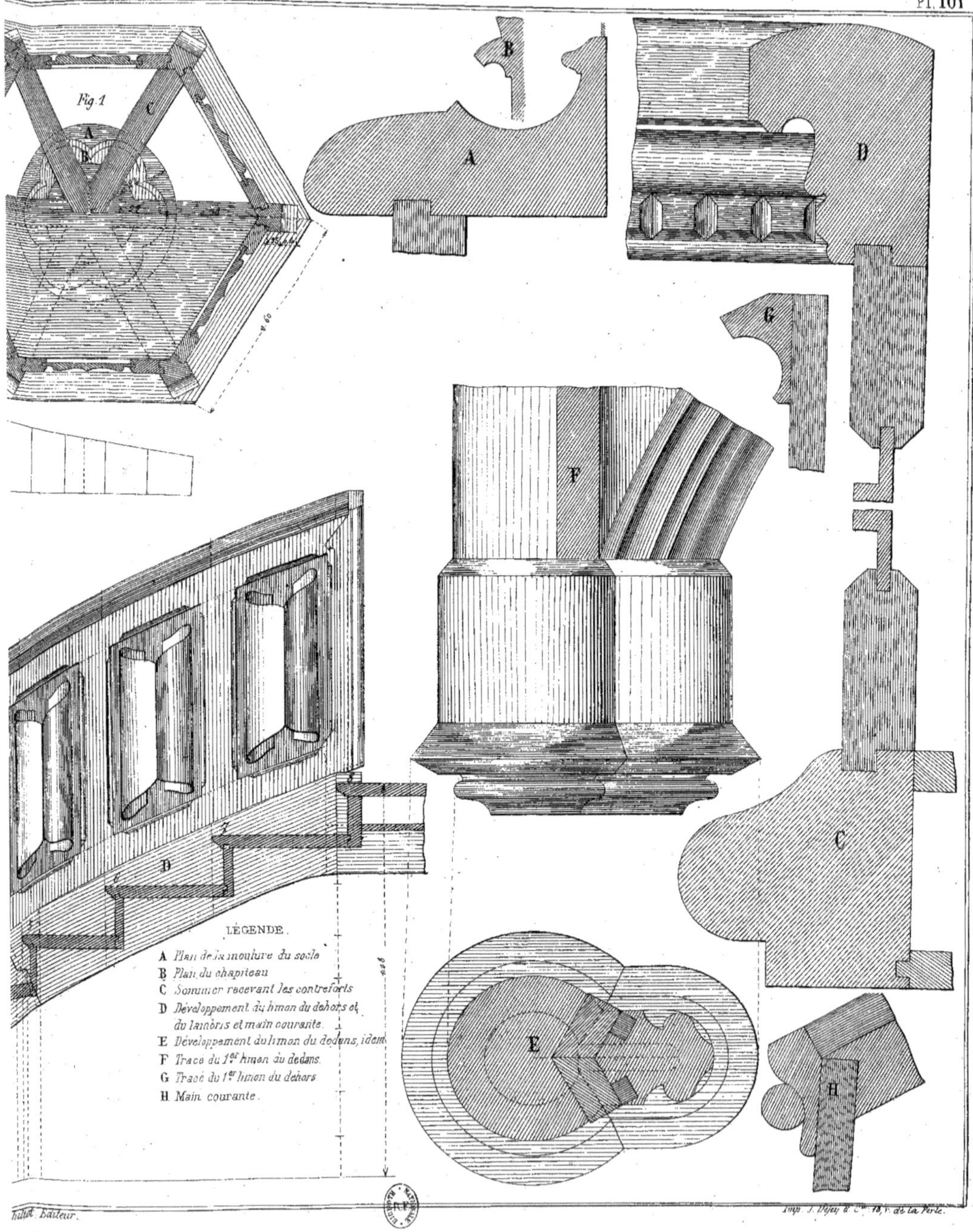

DE LA CHAIRE A PRÊCHER.

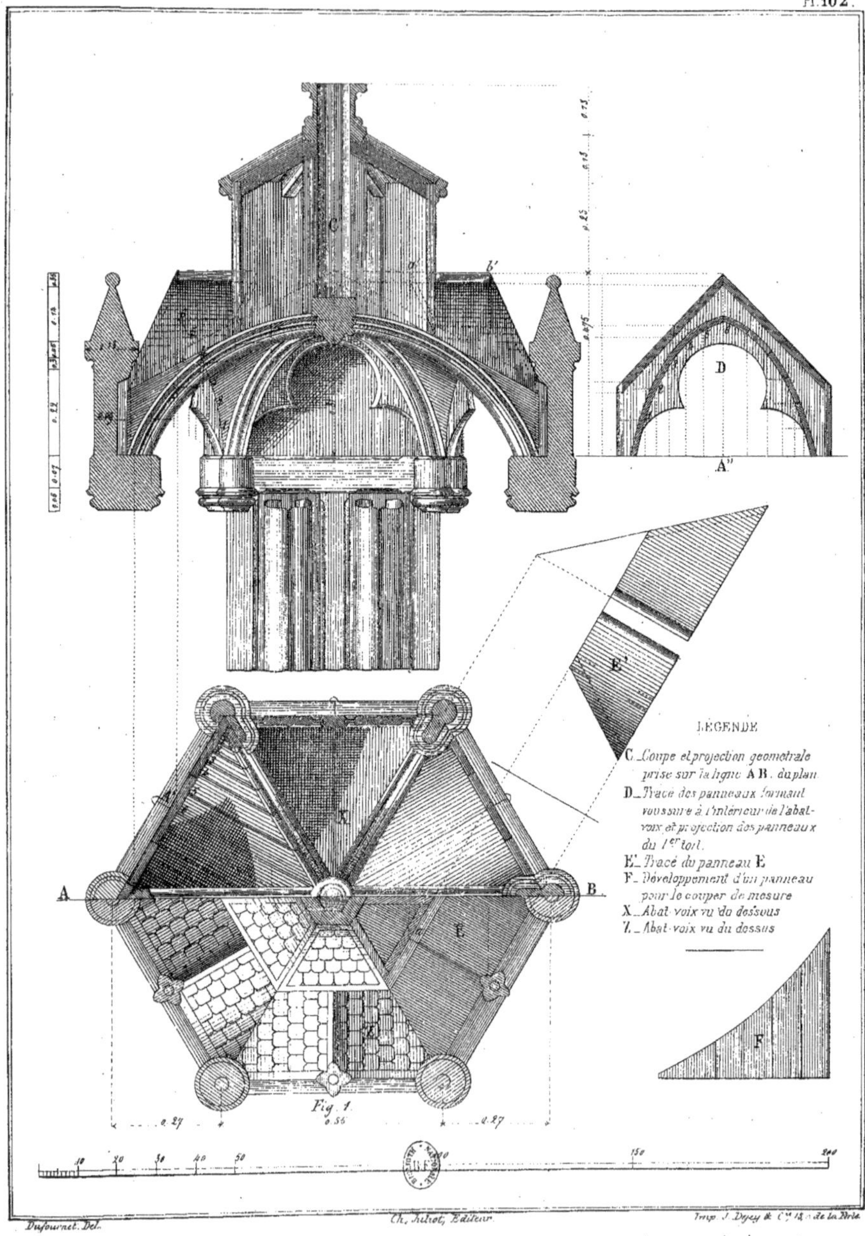

PLAN COUPE ET PROJECTION D'UN ABAT-VOIX DE CHAIRE A PRÊCHER, ÉXÉCUTÉE.

CHAIRE A PRÊCHER EXÉCUTÉE A L'HOSPICE GÉNÉRAL DE MEAUX.

A. J. Roubo. del.   Ch. Juliot, Éditeur.   Imp. J. Dugy & Cie 18. r. de la Perle

STALLES DE CHŒUR

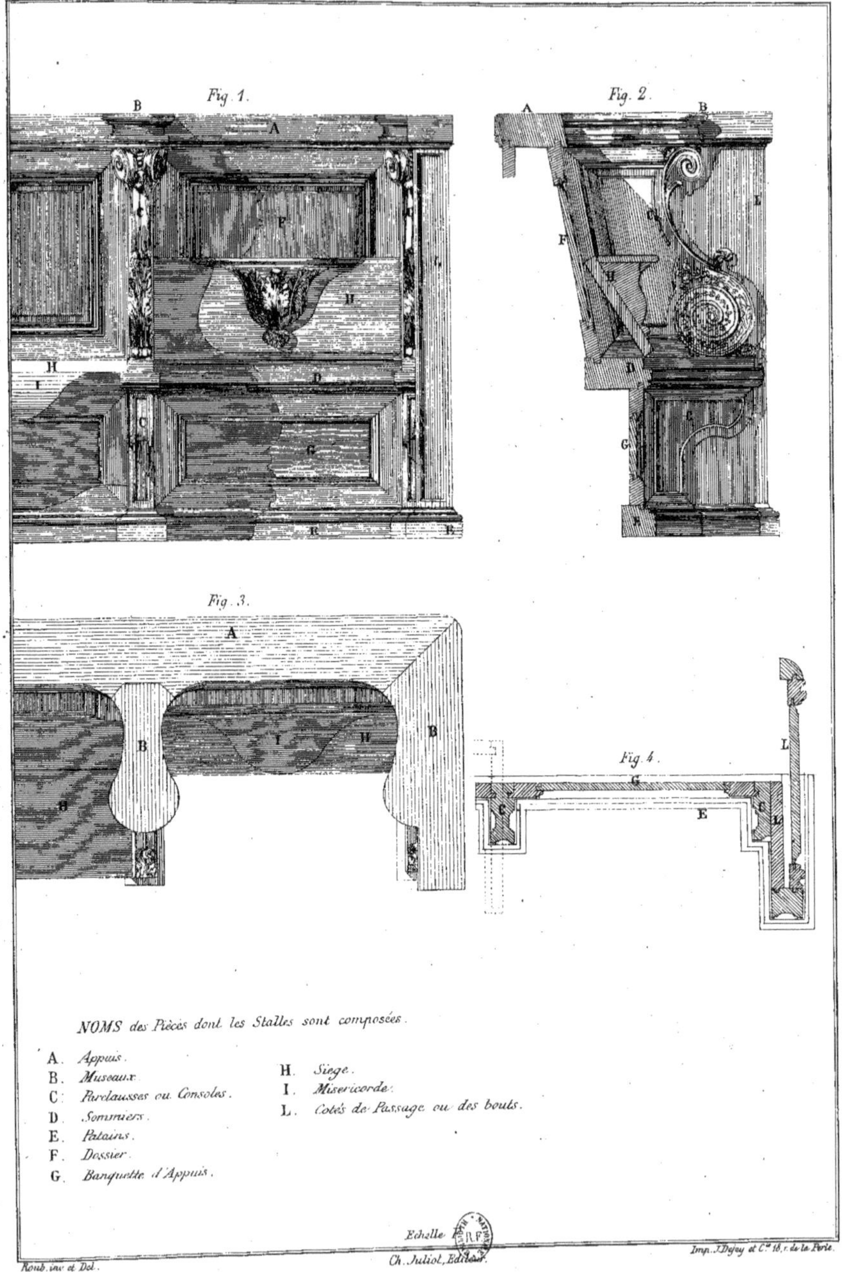

PLAN, COUPE ET ÉLÉVATION D'UNE STALLE.

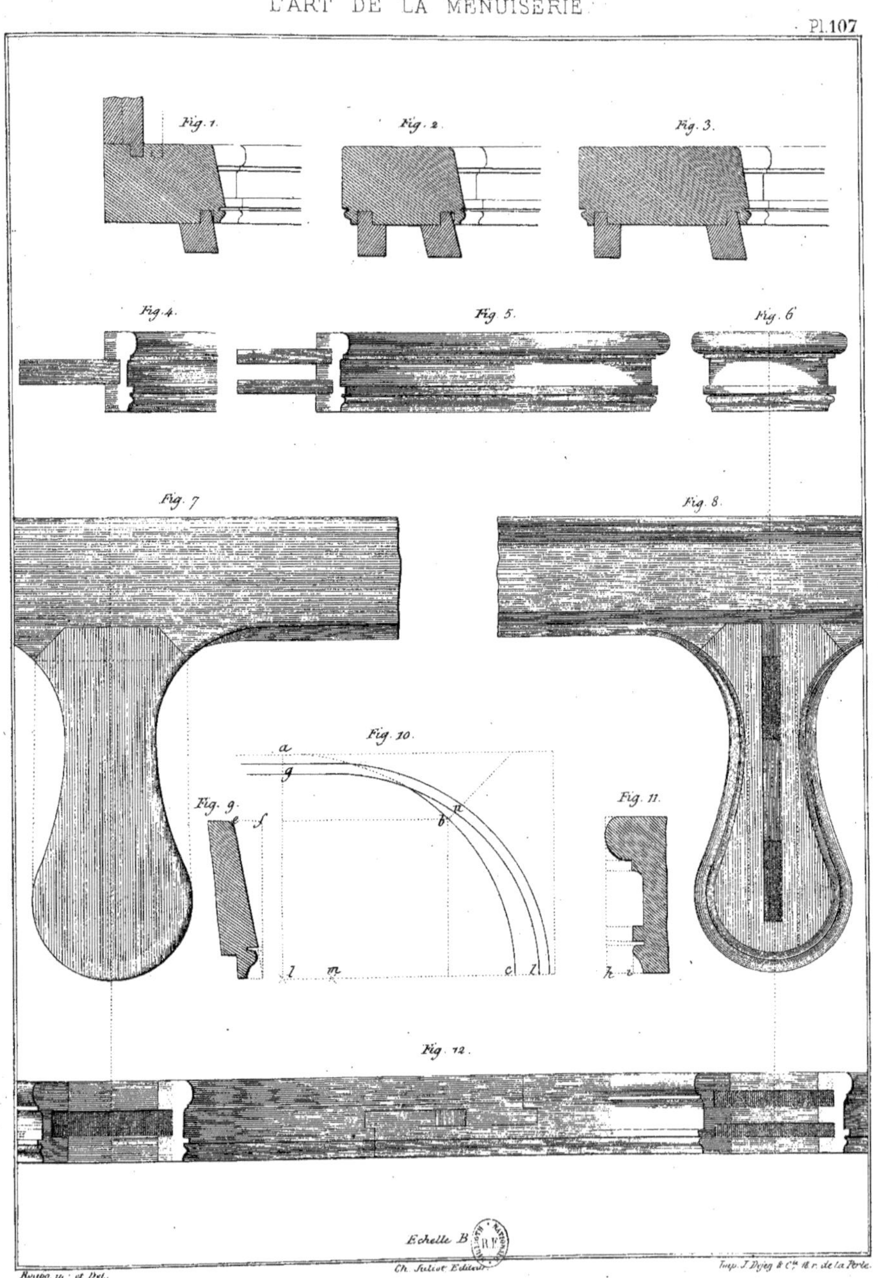

Rinco, in. et Del.

Ch. Juliot Editeur.

Imp. J. Dejey & Cie. 18 r. de la Perle.

DÉVELOPPEMENT DES APPUIS ET DES MUSEAUX DES STALLES

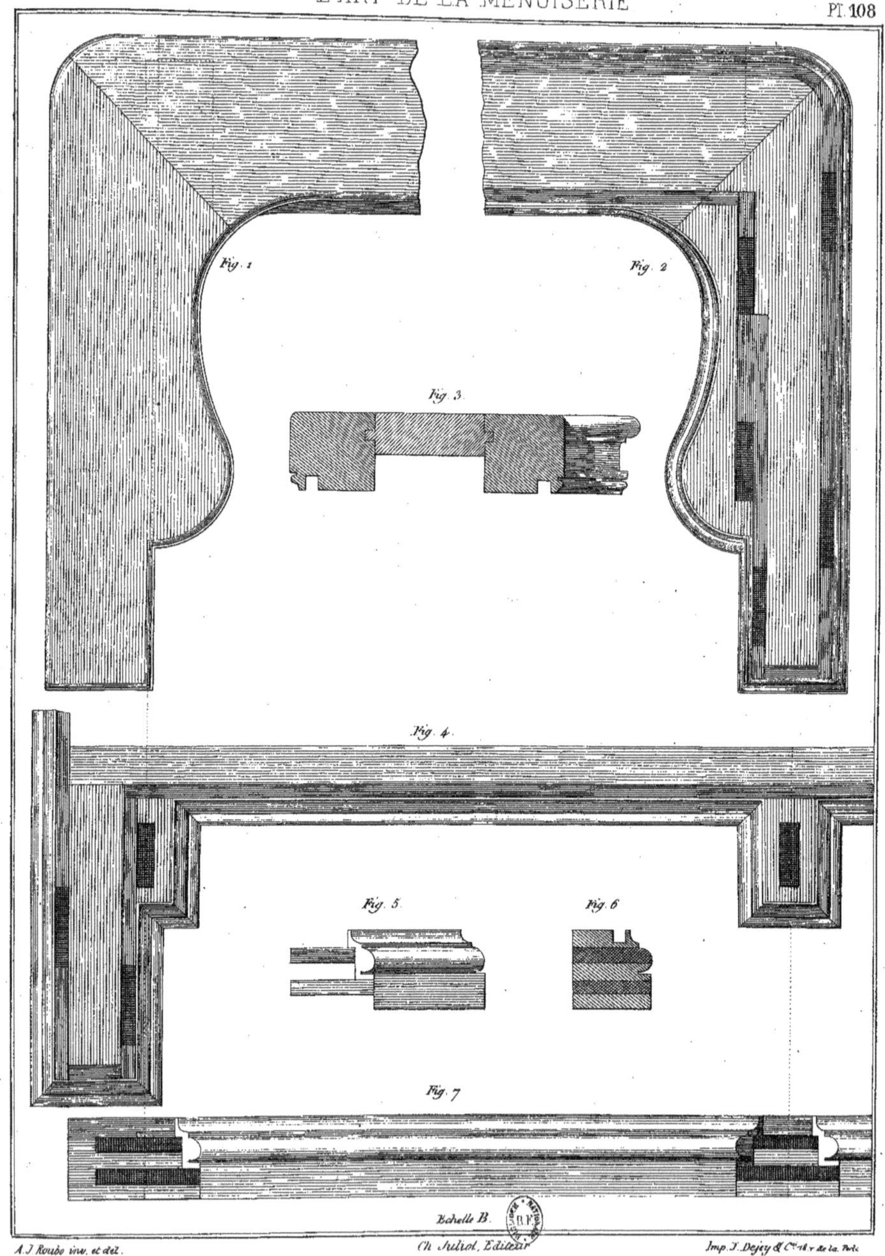

A.J. Roubo inv. et del.

Ch. Juliot, Editeur

Imp. J. Dejey & Cie, 18 r. de la Perle.

DÉVELOPPEMENTS DES APPUIS DES BOUTS DES STALLES ET DES PATINS.

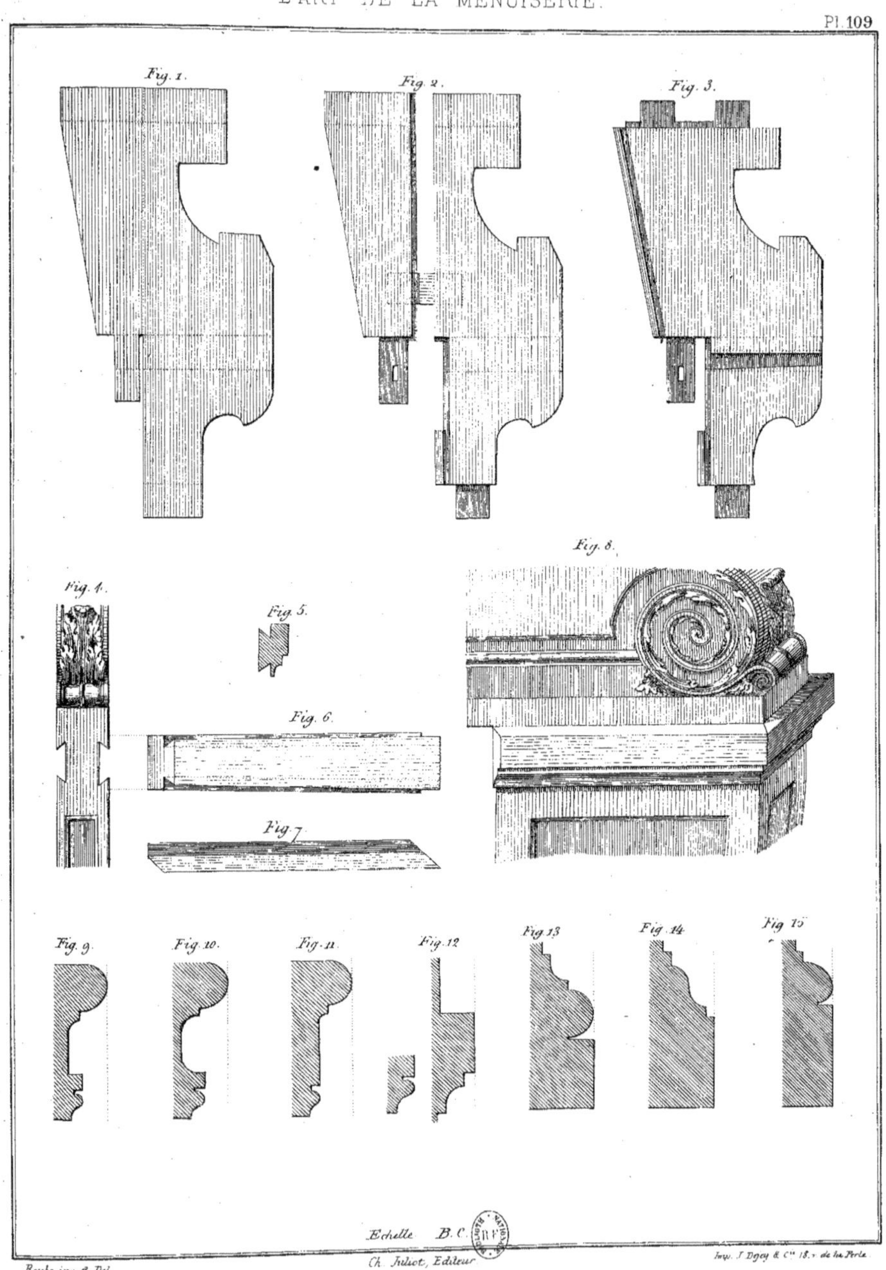

Ch. Juliot, Editeur.

CONSTRUCTION DES PARCLAUSES ET LE PROFIL DES MUSEAUX.

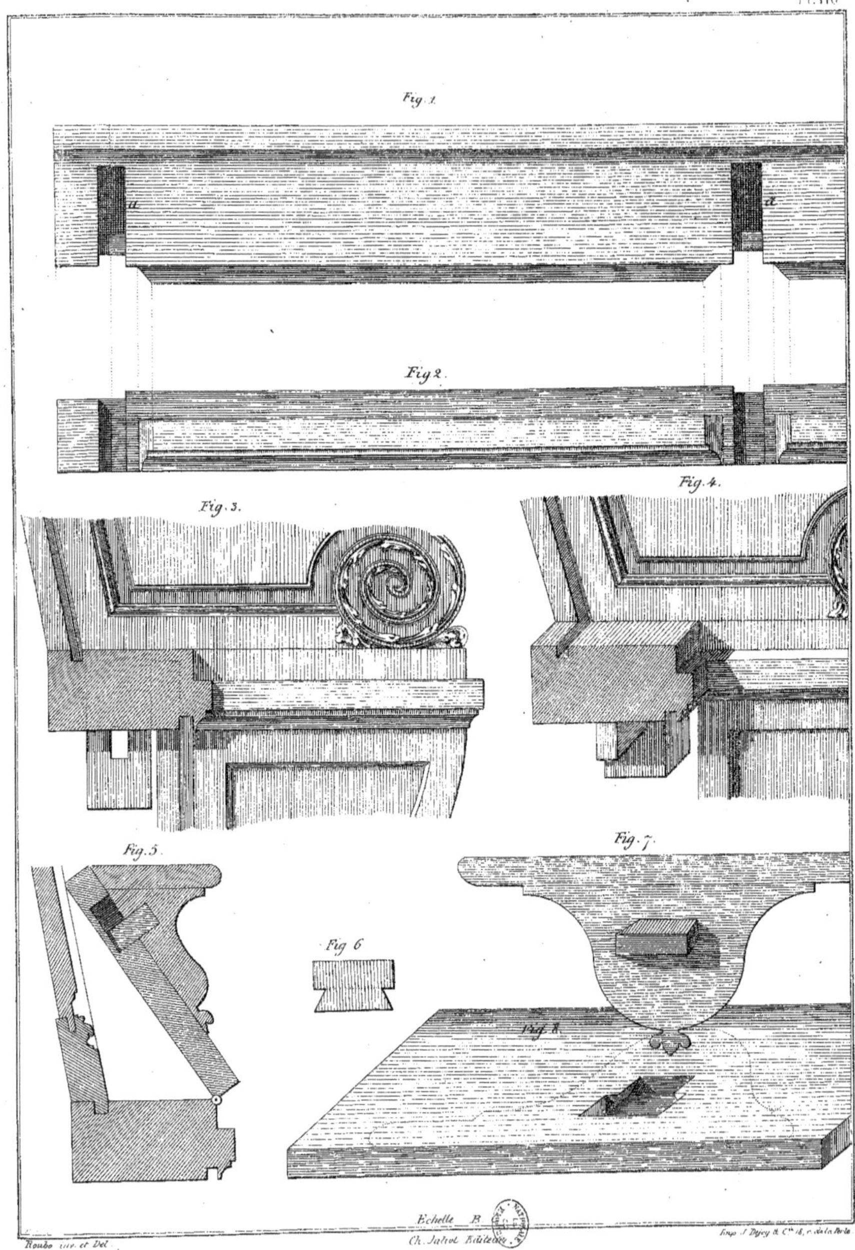

Roubo inv. et Del.

Ch. Juliot Editeur.

Imp. J. Dejey & Cie 48, r. de la Porte

DÉVELOPPEMENT DES SOMMIERS ET LEURS ASSEMBLAGES.

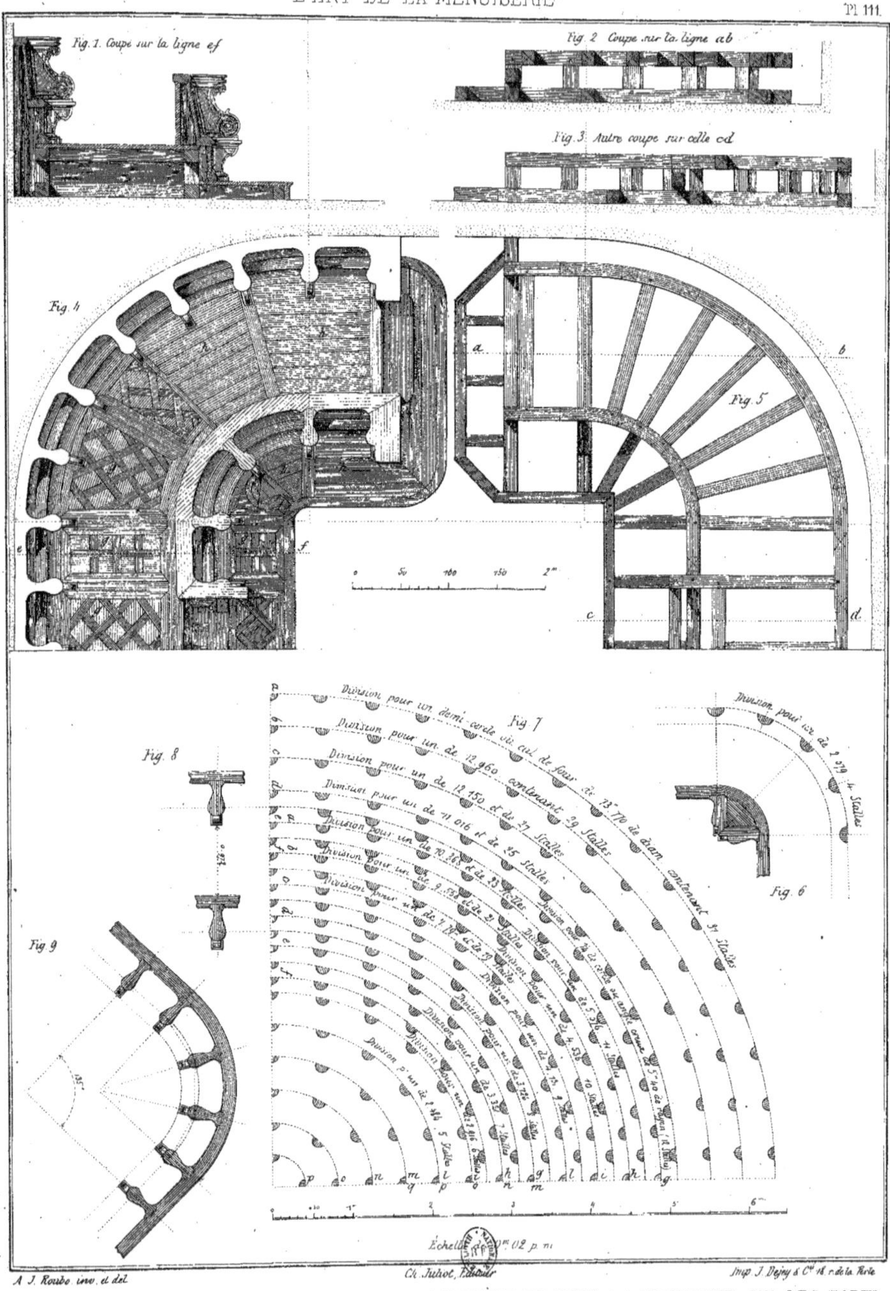

CONSTRUCTION DES PLANCHERS DES STALLES ET MANIÈRE DE FAIRE LA CHARPENTE QUI LES PORTE.
DIVISION DES STALLES DES CULS DE FOUR ET DES ANGLES CREUX SELON TOUTES LES GRANDEURS POSSIBLES